Titel. Thesen. Tatsachen.

Von Christian Casutt

Titel. Thesen. Tatsachen.

Miszellen-ABC über mich, Gott, Welt und andere Nebensächlichkeiten

von Christian Casutt

Bibliografische Information der Deutschen Nationalbibliothek:
Die Deutsche Nationalbibliothek verzeichnet diese Publikation in
der Deutschen Nationalbibliografie; detaillierte bibliografische Daten
sind im Internet über http://dnb.dnb.de abrufbar.

Verlag: BoD • Books on Demand GmbH, In de Tarpen 42,
22848 Norderstedt
Druck: Libri Plureos GmbH, Friedensallee 273, 22763 Hamburg

Cover-Bildkomposition: Christian Casutt, unter Verwendung von Bildern über
pixabay (https://pixabay.com/de/):

- Holocaust-Mahnmal: von Kalahari
- Deutschland-Karte: von Elionas
- Klimakrisen-Globus: von Terranaut

ISBN: 978-3-7597-4879-9

Für Angelika, Verena, Chatrina und Charlotte

Beipackinformationen

Dies ist mein bisher persönlichstes Buch. Persönlich sind Bücher natürlich fast immer, die Person eines Autors ist meist in allen seinen Texten erkennbar, selbst in seinem nüchternsten Essay. Aber dennoch unterscheiden sich die Texte dieses Buches von meinen anderen Büchern. Und dies nicht nur in formaler Hinsicht – ich versuche hier, weitgehend auf Fußnoten zu verzichten – *what a relief!* ... für Leser:innen und (!) den Schreiber[1]. Auch bemühe ich mich um einen etwas lockereren Stil, der einem Sachbuch zumindest bei einigen Themen nicht so gut bekäme.

Ultimativ begebe ich mich hiermit vielleicht sogar auf den Fußweg zu meinem ersten Roman, den ich mir mit meiner Hobbyschreiberei seit langem als Krönung und Endpunkt vorstelle. Wir sehen einmal ...

Thematisch geht es im Buch um ein Potpourri von allerlei „Nebensächlichkeiten", von der Weltpolitik, Politik im Kleinen (Deutschland!), über Geschichte, Philosophie, Theologie, Mathematik, bis hin zu Arbeit und Freizeitaktivitäten. Es geht um Themen und Gedanken, die mich seit geraumer Zeit begleiten und die so „nebensächlich" sind, dass ich sie einfach aufschreiben muss, damit sie nicht dem Weg aller Nebensächlichkeiten folgend, im Restmüll verschwinden. Die Themen *Sex and Crime* sowie *Intimate personal matters* bleiben ausgespart, ich werde sie wohl dem vielleicht kommenden Roman überlassen ...

---

[1] Die sich dennoch ergebende zweistellige Anzahl von Fußnoten war leider nicht vermeidbar.

Die Texte des Buches sind unterschiedlich lang, vom Aphorismus, Textschnipsel, Einseiter bis hin zum Essay ist alles vertreten. Im Durchschnitt handelt es sich um, gelegentlich als *Miszellen* bezeichnete, Kurztexte. Manches ist mit einer persönlichen Anekdote (*kursiv* gesetzt) versehen. Als systematischer Mensch habe ich die Texte alphabetisch angeordnet (*Miszellen-ABC*). Die alphabetische Reihung richtet sich nach dem wesentlichen Stichwort in der Überschrift. Anstelle eines Inhaltsverzeichnisses gibt es im Folgeabschnitt eine Übersicht über die behandelten Themen.

Die Texte sind auf manchmal spontane, launige, ab und an ironische oder vielleicht auch etwas *schräge* Art und Weise niedergeschrieben. Manche sind auch ein gutes Stück ernsthafter bzw. gründlicher durchdacht ("gerader"). Zur letzten Kategorie zählen die Essays "Deutschland – Staat ohne Nation", "Holocaust/Shoa – eine nicht heilende Wunde" und "Die Klimakrise ... ist anders". Dieses Dreigestirn bildet, zusammen mit meiner Kapitalismus-, Wachstums- und Religionskritik (vgl. die gleichnamigen Stichworte), den Aussagekern des Buches. Die anderen Texte gruppieren sich um sie herum.

Ja, es gibt einige (wenige) Wiederholungen von Aussagen in den Texten, aber sie sind beabsichtigt. Und ja, einige Aussagen widersprechen sich auch. Aber das sollte niemanden verwundern. Denn, alles ist selbstredend subjektiv gefärbt – also Obacht! – und es gibt dem aufmerksamen Leser, der aufmerksamen Leserin einen tiefen Einblick in mein bewegtes Inneres. Und wenn es sich sehr vorteilhaft zuträgt, wird es vielleicht auch die ein oder andere Anregung zum Weiterdenken für die wohlmeinende Leserschaft bereithalten.

„*Schräge* Gedanken in geraden Gängen", wollte ich ursprünglich als Buchtitel wählen. Auf diesen bin ich durch den Spielfilm *In den Gängen* aus dem Jahr 2018 gekommen. In dem großartigen, angenehm stillen Film spielen Franz Rogowski, Sandra Hüller und Peter Kurth ein Drama von schüchterner Liebe und Perspektivlosigkeit in der Kulisse der Gänge eines Supermarktes. Der Kontrast von Konsumtempel und Verlust an Selbstbewusstsein ist so stark wie der zwischen *schräg* und gerade. Und auch die Themen Konsum und Selbstbewusstsein werden im Buch angeschnitten. Letztlich erschien mir „Titel Thesen Tatsachen" als Buchtitel aber griffiger und auch treffender.

Zu weiteren Risiken und Nebenwirkungen fragen Sie ...

Nicht allen Leser:innen werden meine gerade formulierten *schrägen* Gedanken in den folgenden Miszellen zusagen. Zusagen kann *ich* nur, dass ich ernstgemeinte Kommentare und Kritiken gerne entgegen nehme (diese bitte adressieren an: mail@ccasutt.de) und womöglich (!) auch beantworte ...

Christian Casutt
Mainz, im September 2024

Stichworte-Übersicht

11

Abtreibung, ein Frauenrecht

Zum Einstieg ein recht schwieriges Thema, aber es ist unvermeidlich, mich dazu zu positionieren ... Schon der Begriff „Abtreibung" ist problematisch, da er erkennbar negativ konnotiert ist. Es ist zu wünschen, dass sich andere Begriffe durchsetzen; Vorschläge wären: „Beendigung oder Einstellung der Schwangerschaft". Vielleicht finden sich noch besser geeignete Begriffe.

Das Thema ist, wie die meisten politischen Themen, männlich dominiert. Hier ist ganz klar zu fordern, dass sich in Zukunft Männer in der weiteren Auseinandersetzung deutlich zurücknehmen. Das Recht auf Beendigung einer Schwangerschaft ist ein Frauenrecht. Es hat im Strafrecht überhaupt nichts verloren.

Wenn es nach mir ginge – aber siehe das vorstehend Gesagte –, müsste der § 218 Strafgesetzbuch ersatzlos gestrichen werden. Schwangerschaften könnten ohne Zwangsberatung mindestens bis einschließlich der zwölften Woche beendet werden. Gegebenenfalls kann diese Frist auch verlängert werden bis vor den Zeitpunkt, an dem der Fötus außerhalb des Körpers der Mutter lebensfähig ist.

15

Aber das wäre eine medizinische bzw. medizin-ethische Frage.

Agnostizismus

Was ist ein Agnostiker? Ein Agnostiker ist ein Atheist in Ausbildung.

Ahnenforschung

Ein schönes Hobby, das mich eine Zeitlang beschäftigt hat. Bei der Recherche nach meinem Nachnamen bin ich bis an die Grenze zu den Obereltern (Ur-Ur-Ur-Ur-Ur-Großeltern) gleichen Namens in Graubünden vorgestoßen (vgl. auch den Text zum Stichwort „Cazis"). Leider waren die Ergebnisse meiner Nachforschungen bei den anderen Teilen des Stammbaums nicht so fruchtbar.

Warum befasst man sich mit Ahnen- oder Familienforschung? Darüber habe ich als notorischer Systematiker offen gestanden bisher überhaupt nicht nachgedacht. Für andere ist Familienforschung allerdings eine Art religiöse Pflicht. Gemeint ist hier die „Kirche Jesu Christi der Heiligen der letzten Tage". Diese religiöse Gemeinschaft, größte Gruppe innerhalb der „Mormonen", unterhält im Staat Utah (USA) das weltweit bedeutendste genealogische Archiv. Die auf Mikrofilm und digital gespeicherten Dokumente aus Kirchenbüchern und weiteren Quellen stehen auch allen anderen an der Familienforschung Interessierten zur Verfügung.

Als ich in Chur (Schweiz) im Kantonsarchiv nach den Casuttschen Vorfahren suchte, staunte ich nicht schlecht. Die dort verfügbaren Mikrofilme stammten aus Utah, es waren keine vor Ort erstellten Abzüge aus Kirchenbüchern, wie ich es erwartet hatte. Offensichtlich wurden die Originale der Kirchenbücher aus der Schweiz, so wie auch aus Deutschland und vielen anderen Ländern, nach dem Zweiten Weltkrieg nach Utah zur Verfilmung gesandt und sind dort verblieben.

Ambiguitätstoleranz

In einem Katastrophenfall braucht man schnelle Entscheidungen, und, ja, auch den einen oder die andere, die autoritär Anweisungen und Aufträge erteilen. So wie im Fall der Hamburger Sturmflut (1962), bei der der damalige Polizei- und Innensenator Helmut Schmidt dem Hochwasser befahl: „Weiche!", und das Hochwasser gehorchte.

In den meisten anderen (Nicht-Katastrophen-) Fällen ist es klug, alle Handlungsoptionen ruhig und geduldig abzuwägen, bis man – auch im Konsens mit anderen – zu einer Entscheidung kommt. Da dieser Prozess mitunter länger dauern kann, als es vielen an der Entscheidung Beteiligten genehm ist, braucht es die Tugend der Ambiguitätstoleranz, bei der man die zwei, drei möglichen Alternativen über einen gewissen Zeitraum nebeneinander bestehen lässt, ohne sich für eine der Alternativen zu entscheiden. Dabei besteht die Toleranz darin, die Offenheit der Entscheidung, auch über eine gewisse Dauer, „entspannt" ertragen zu können.

Amon Düül II

Krautrockband, die sich 1968 formierte und bis weit in die 2000er Jahre existierte. Vielleicht gibt es sie heute noch? Die Band war u. a. auch in UK erfolgreich, was nicht zuletzt an ihrer Sängerin Renate Knaup (oder Renate Knaup-Krötenschwanz) lag. Meine drei Alben „Yeti", „Wolf City" und „Vive La Trance" habe ich lange in Ehren gehalten.

Immer noch beeindruckend der verfremdete Songtext des Lieds „Deutsch Nepal" (vom Album „Wolf City"), der seine Wirkung natürlich erst mit der Musik entfalten kann:

Ein General stand an meiner Wiege,
Sprach: „Es ist ein schönes Kind
Es wird ein Mann wie ich ihn liebe,
Gouverneur vielleicht, in Deutsch Nepal!" ---
Ich bin geboren
Im Land der Krieger, äh – Krieger,
Bemühe mich ein Held zu sein.
Doch die Siege – äh –
Lassen auf sich warten, äh – warten! ---
Vielleicht irrte sich der
General – General – General!

18

Der Amtseid und die Moraltheologie

Deutschlandfunk am 9. Februar 2022, 6:35 Uhr. Die tägliche Morgenandacht, zu einer für viele noch nachtschlafenden Zeit, diesmal redaktionell von der katholischen Kirche verantwortet, spricht Pfarrer Thomas Steiger aus Tübingen. Er thematisiert das Weglassen der Formel „So wahr mir Gott helfe" bei der Vereidigung der Bundesregierung im Dezember 2021. Der Bundeskanzler, alle Ministerinnen und Minister der Grünen sowie zwei der Sozialdemokrat:innen verzichteten bei ihrer Vereidigung im Dezember 2021 bekanntlich auf den „traditionellen Gottesbezug". Steiger kritisiert das insbesondere bei Kanzler Scholz, da dieser ja eine große Verantwortung trage und durch das Absehen von der Eidesformel mit Gottesbezug leider den Eindruck verwische, dass der „Mensch nicht das Maß aller Dinge" sei.

Als Olaf Scholz bereits im Spätsommer 2021 ankündigte, bei einer möglichen Wahl zum Bundeskanzler den Amtseid ohne Gottesformel zu leisten, brach in den christlichen Kirchen – und einigen konservativen Medien – der Furor aus. Man befürchtete wieder den Untergang des Abendlandes. Beispielhaft das Interview des Paderborner Moraltheologen Peter Schallenberg mit dem Kölner domradio.de von September 2021, in dem er das Grundgesetz und dessen Präambel – „Im Bewusstsein seiner Verantwortung vor Gott und den Menschen, ..." – ganz im Sinne der Kirche interpretiert: „Dies ist nicht umsonst so formuliert worden und hat große Bedeutung für unser Grundgesetz, für unser gesamtes staatliches Leben." Ja, mehr noch: „Der Amtseid, den die Politikerinnen und Politiker leisten, will mit der Zusatzformel ‚So wahr mir Gott helfe‘ im Grunde in etwas anderer Formulierung nur nochmal zum Ausdruck bringen, dass wir uns vor einer anderen Instanz verantworten und verantworten wollen, als vor einer demokratischen Mehrheit und schon gar vor etwas anderem als nur vor uns selbst und dem eigenen Interesse." Ah, klar. Demokratische Mehrheiten, vor denen sich unsere Repräsentanten zu verantworten haben, zählen wenig, da es ja eine noch höhere Instanz gibt, vor der Rechenschaft abzulegen ist. Ein sehr interessantes, aber deutlich abzulehnendes Demokratieverständnis, welches hier zum Ausdruck kommt. Und die Bedeutung der Gottes-Nennung in der Präambel ist ein Relikt aus einer anderen Zeit. Der Staatsrechtler Leisner führt im Kompakt-Kommentar zum Grundgesetz hierzu aus: „Dieser Invocatio Dei [Anrufung Gottes], eines allmächtigen, personalen Wesens, spricht die h.L. [herrschende Lehre] wegen der staatlichen Neutralität in religiösweltanschaulichen Dingen im Ergebnis rechtliche Bedeutung ab: eine solche könne ihr nicht als einer ‚Demutsklausel‘ zukommen – die ihrerseits religiösen Inhalt hätte – und ein Bezug auf höheres Recht wäre nicht fassbar."

Wer bringt unseren Kirchenvertretern die Grundsätze der Demokratie näher? Wer veranstaltet mit Ihnen ein Einführungsseminar in das Grundgesetz und seinen Neutralitätsanspruch in weltanschaulichen Dingen? Ach, vermutlich würde auch das nicht helfen.

Aber was möchte die (katholische) Kirche mit der skandalisierenden medialen Aufblähung eines selbstverständlichen, grundgesetzlich ausdrücklich vorgesehenen (Art. 56 GG), aber im Grunde trivialen Vorgangs erreichen? Nun, es geht ihr um nicht weniger als die Aufrechterhaltung eines überkommenen Staat-Kirche-Verhältnisses, in dem die Kirche auf Augenhöhe mit dem Staat agiert und im Wesentlichen für den „moralischen Zusammenhalt" der Gesellschaft Verantwortung trägt. Dass diese Zeiten vorbei sind, weiß die Kirche natürlich auch. Aber, da die staatlichen Institutionen sie in ihrer Auffassung, die zum Teil sogar als „vordemokratisch" bezeichnet werden muss (siehe oben), nicht deutlich korrigieren und die „hinkende" Trennung von Staat und Kirche zu einem klaren Abschluss bringen, werden die Kirchen weiterhin ihr „moralisierendes Süppchen kochen", nicht nur bei einem eher zweitrangigen Thema wie dem Amtseid des Bundeskanzlers.

Antisemitismus

Antisemitismus gab es zwar auch bereits vor dem Erscheinen der jüdischen Sekte, aus der sich dann das Christentum entwickelt hat. Aber so richtig in Fahrt kam der Antisemitismus doch erst mit diesem. Es beginnt mit der Bibel und den Schmähungen des Paulus und geht weiter über den Kirchenphilosophen Augustinus, der gegen die Juden hetzte und sie als „Wölfe" und „Mörder Christi" titulierte. Die Spur des Antisemitismus lässt sich über die Spätantike, das gesamte Mittelalter bis in die Neuzeit verfolgen[2]. Martin Luther war nicht nur Reformator, sondern insbesondere auch fanatischer Antisemit. Berüchtigt seine Schrift „Von den Juden und ihren Lügen". Seinen Wunsch, ihre Hütten anzuzünden, haben dann die Nazis millionenfach in die Tat umgesetzt. Der heutige Antisemitismus kommt von rechts und (leider) auch von links sowie von muslimischer Seite. Oft versteckt er sich in der Verkleidung der Israelkritik.

Beschämend, dass die katholische Kirche noch bis in die 2000er Jahre hinein an ihrer „Judenmission" festgehalten hat. Im Jahr 2008 führte der damalige Papst Benedikt XVI (Kardinal Joseph Ratzinger) eine Neufassung der Karfreitagsfürbitte ein, in der er für die Juden beten lassen wollte, dass sie „Jesus Christus als den Heiland aller Menschen" erkennen sollten.

Astrologie

Ein Geständnis: Vor einigen Jahren habe ich mich ernsthaft mit Astrologie befasst. Zunächst gar nicht so sehr inhaltlich – das kam später, sondern schwerpunktmäßig mit der Berechnung und Zeichnung von Horoskopen. Das war in den späten 1980er Jahren nicht so komfortabel wie heute, wo man ein großes Angebot von Smartphone-Apps zur Verfügung hat, bei denen aus dem Geburtsdatum im Handumdrehen ein fertiges Horoskop erzeugt werden kann. Damals gab es dicke Bücher, in denen die sogenannten

---

[2] Lesenswert: Peter Schäfer, kurze Geschichte des Antisemitismus, München 2020.

Ephemeriden verzeichnet waren, aus denen man die Positionen von Sonne und Planeten zu einem bestimmten Tag ablesen konnte. Da diese Positionen aber nur jeweils für null Uhr des Tages angegeben waren, musste man im Hinblick auf die genaue Geburtszeit die Werte zwischen zwei Tagen interpolieren. Nachdem alle Daten berechnet waren, ging es dann an die Zeichnung des Horoskops. Hierfür gab es DINA4-Plotter (tatsächlich gab es einmal sowas!), die man zudem noch programmieren musste, damit da so etwas herauskam, was wie ein Horoskop aussah. Eine alte Geschichte ...

Astrologie hat tatsächlich zwei Gesichter. Das eine ist das profane Gesicht der Tageshoroskope, die einem in allen möglichen Boulevardblättern angeboten werden. Dieses Gesicht beschreibt die „Schrottseite" der Astrologie, die man getrost vergessen kann. Bei der anderen Seite ist es nicht so, und man kann sich tatsächlich ernsthaft mit dem Thema befassen. Diese sogenannte symbolische Astrologie basiert auf dem Grundsatz der *Synchronizität*, ein Begriff, der auf den Psychoanalytiker Carl Gustav Jung (1865 – 1961) zurückgeht. Er bedeutet die Gleichzeitigkeit von Ereignissen, ohne, dass diese ursächlich miteinander verknüpft sind. Wenn im Frühjahr die Natur aufwacht, Vögel ihr Nest bauen und Menschen (manche) an den Frühjahrsputz gehen, sind das gleichzeitige Geschehnisse, die aber untereinander nicht kausal verknüpft sind. Analog dazu kann man sich vorstellen, dass man aus den plane-tarischen Konstellationen in unserem Sonnensystem auf andere Geschehnisse schließen kann, ohne sich auf physikalische Wirkungen zu beziehen, denn diese gibt es praktisch nicht. Die Astrologie geht nun von der Annahme aus (Hypothese!), dass aus den planetarischen Konstellationen zum Zeitpunkt der Geburt eines Menschen auf bestimmte Charaktermerkmale dieses Menschen geschlossen werden kann. Wie gesagt und ganz wichtig: das ist die (Arbeits-)Hypothese der symbolischen Astrologie, die man weder glauben kann noch darf, sondern die im Rahmen der ernsthaften Astrologie mit möglichst wissenschaftlich nachprüfbarer Methodik getestet wird. Hierzu gibt es viel Literatur. Wen es interessiert, kann u. a. nach Werken der folgenden Autoren recherchieren: Peter Niehenke, Carl Gustav Jung, Liz Greene, Michel Gauquelin, Gunter Sachs, u. a. m.

Atheismus

Was ist ein Atheist? Ein Atheist ist ein Mensch, der die Menschen mehr liebt als die Götter.
(Quelle unbekannt, vielleicht von mir)

Mit dem Begriff „Atheist" habe ich meine Schwierigkeiten. Denn er ist ein Negativbegriff. Ein *A-Theist* ist jemand, der wörtlich „ohne Gott" auskommt / handelt / lebt. Damit unterstellt der Begriff per se, dass es so etwas wie *Gott* oder *Götter* überhaupt gibt. Ein Beweis für diese *göttlichen Phänomene* ist bekanntlich bisher nicht gelungen. Daher kann man an Gott / Götter nur *glauben*, oder man tut es nicht. Anstelle des Begriffs Atheist halte ich den Begriff

24

„Allmensch" – mit Betonung auf der ersten Silbe – für geeigneter, um auszudrücken, worum es geht: Es geht darum, sich als Mensch um die Belange von Menschen zu kümmern, und das Übersinnliche sich selbst zu überlassen. Der erste Satz unter Überschrift dieses Themas muss also vollständig lauten:

Ein Atheist ist ein Mensch, der die Menschen mehr liebt als die Götter, weil die Menschen real und die Götter Phantasieprodukte sind.

Aufklärung

Man kann es nicht oft genug wiederholen, und – wie weiland *Klosterfrau Melissengeist* – nie war es so wertvoll wie heute: Nach Kant bedeutet Aufklärung den Ausgang des Menschen aus seiner selbst verschuldeten Unmündigkeit. Dabei besteht für Kant *Unmündigkeit* im Unvermögen, sich seines Verstandes ohne die Leitung eines anderen zu bedienen. Diese Unmündigkeit sei *selbstverschuldet*, wenn ihr Grund nicht ein Mangel an Verstand sei, sondern die Angst davor, sich seines Verstandes ohne die Anleitung eines anderen zu bedienen.

Kann man noch mehr dazu sagen? Inhaltlich vielleicht nicht, aber möglicherweise zu den Anwendungsbereichen, in denen der eigene Verstand ohne Anleitung eines anderen zur Geltung kommt. Zwei Bereiche fallen mir spontan ein: Wahlen und der Umgang mit Social Media. Unsere Demokratie mag nicht perfekt sein, aber vor einer Wahlentscheidung gründlich nachdenken, kann helfen. Und beim Umgang mit Social Media, der bei vielen Zeitgenossen doch ein arges Abhängigkeitsverhältnis erkennen lässt, scheint die (selbstverschuldete) Anleitung des Denkens durch andere gerade das suchtmachende Element zu sein ...

Lesenswert: Marcus Willaschek, Kant: Die Revolution des Denkens, München 2024.

Autobahn, die deutsche

Die deutsche Autobahn, oder besser: *Die Deutsche Autobahn* ist der kultige Pilgerort des deutschen Autofahrers (männlich). Hier kann er seinem nicht unterdrückbaren Drang zum schnellen Fahren freien Lauf lassen. Zumindest manchmal, wenn nicht Verkehrsbehinderungen, Baustellen, Geschwindigkeitsbegrenzungen, und die vielen „Schleicher" die schiere Lust am Dahingleiten des Kilowatt-starken Boliden eintrüben. Wenn es also glatt läuft auf der Autobahn, ist das Glück fast vollkommen. Natürlich fragt sich unser Pilger, nach dem er das Pedal bis unten durchgedrückt hat, warum der blöde Hersteller den Wagen so gebaut hat, dass er schon bei 250 Stundenkilometer einfach abregelt. Da ginge doch noch mehr! Aber, was soll's, der Spaß ist auch so groß. Und wie die Schleicher im Rückspiegel in wenigen Sekunden so klein, kaum noch erkennbar sind, wunderbar! Glücklicherweise scheren sich die Politiker nicht darum, was alle Verkehrsforscher seit Jahren predigen: Dass der Ausbau der Autobahnen immer mehr Verkehr anzieht als weniger. Und unser Pilger freut sich schon auf den zehnspurigen Ausbau der A5 bei Frankfurt. Dass dies ohnehin einer der Autobahnabschnitte mit der höchsten gefahrenen Durchschnittsgeschwindigkeit ist, zeigt doch, dass es eine große Nachfrage nach Rennbahnen, äh.. Autobahnen, für uns ganze Testosteron-Kerle gibt ...

B

Banken

Sind die Banken kriminelle Vereinigungen? Wahrscheinlich nicht (in Gänze), wenngleich die Cum-Ex- und Cum-Cum-Skandale zahlreicher Institute durchaus kriminelle Energie vermuten lassen. Cum-Cum-Geschäfte laufen derzeit auch munter weiter, weil Politik und Justiz bisher noch keinen Hebel gefunden haben, um dieser Unsitte der Steuervermeidung (um keinen anderen Begriff zu verwenden) beizukommen.

Sind die Banken Zockerbuden? Betrachtet man das Investmentbanking der Banken, das einen wesentlichen Teil zum Ertrag der Institute beisteuert, und dem ich aus IT-Sicht in meinem beruflichen Werdegang häufig sehr nahegekommen bin, könnte man diese Meinung vertreten. Und dies gilt insbesondere für den Bereich der sogenannten „strukturierten Produkte". Diese funktionieren prinzipiell immer auf eine annähernd gleiche Weise. Kunden der Banken haben bestimmte Risiken (Zins-, Währungs-, Preisrisiken), die sie absichern möchten. Die Banken unterbreiten ihnen hierzu Angebote, die eine bestimmte

„Markterwartung" der Kunden abbilden. Markterwartung bedeutet hier die Annahme, dass sich Preise, Zinsen, Währungen in einer bestimmten Weise in der Zukunft entwickeln werden. Nicht alle Angebote sichern das Kundenrisiko komplett ab. Manche lassen den Kunden am Markt „mitspielen". Zum Beispiel, wenn das Währungsverhältnis EUR/USD eine bestimmte Bandbreite verlässt, „verliert" der Kunde und die Bank gewinnt. Wohlgemerkt, der Kunde hat sich auf das „Spiel" freiwillig eingelassen. Der Clou ist nun aber, dass die Bank praktisch nie verliert. Denn die Bank sichert sich das Risiko des Geschäfts mit dem Kunden auf ihrer Seite vollständig ab und hat hierfür den gesamten Kapitalmarkt zur Verfügung. Dieses Absichern („Hedgen" im Fachjargon) ist das vornehmste Instrument des Investmentbanking und sorgt dafür, dass die Bücher der Bank „sauber" bleiben. Manchmal klappt das aber auch bei einigen Banken nicht, wenn es andere Marktteilnehmer gibt, die noch ein wenig brutaler vorgehen, wie das Beispiel der *Subprime*-Kredite zeigte, die zur Finanzkrise im Jahr 2008 geführt hatten. Ich schätze, dass es heute immer noch überaus viele „Schrott-Investitionen" aus der Zeit der Finanzkrise in den Finanzinstituten gibt, die diese gerne loswerden möchten, was durch Verkauf naturgemäß nicht immer funktioniert. Die wertlosen Papiere werden dann mitunter in „Bad Banks" ausgelagert.

Vielleicht sind nicht alle Banken, die über ein Investmentbanking verfügen, Zockerbuden. Die Finanzmärkte in Summe sind es aber sicherlich, denn merke: Bei jedem Geschäft auf diesem Markt gibt es immer einen (oder mehrere) Gewinner und einen (oder mehrere) Verlierer.

Barry Lyndon

Ein Film-Meisterwerk von Stanley Kubrick aus dem Jahr 1975. Wenn ich mich aus dem umfangreichen Werk von Kubrick für einen Film entscheiden müsste, dann wäre es dieser. Dies obwohl er von der Kritik nicht so gut aufgenommen wurde.

Zwei Elemente zeichnen diesen Film ganz besonders aus. Da ist zum einen die vielfach prämierte Filmmusik, die die Handlung in beeindruckender Weise untermalt, aber auch für sich selbst steht. U. a. sind enthalten: die Sarabande von Händel, der Marsch aus Idomeneo, das Cello-Konzert in e-Moll von Vivaldi und (mein Favorit) das Klavier-Trio in Es-Dur von Schubert.

Das zweite Element stellen die Aufnahmen bei Kerzenlicht dar – es wurde für die Innenaufnahmen vollständig auf Kunstlicht verzichtet –, wodurch eine ungemein dichte Atmosphäre erzeugt wurde. Und Ryan O'Neal, der mir schauspielerisch ansonsten nicht so zusagt, brilliert in der Rolle des „Redmond Barry" bzw. Barry Lyndon.

Kubrick ist ein Meister-Regisseur, der in diesem Film seine besondere Gabe als *Durch-die-Kameralinse-Blickender* eindrucksvoll unter Beweis stellte.

Bayern

Bayern ist ein schönes Land. Fährt man auf München zu und nimmt an einem sonnigen Tag in der Ferne die Berge der Alpen wahr, kommt Urlaubsstimmung auf, ob man möchte oder nicht. Ich bin nicht sicher, ob das die Bayern auch so wahrnehmen, vielleicht stumpft der Anblick auch im Laufe der Zeit einfach ab. Und die andere, bedrohliche Seite der Berge kann man z.B. in Bad Reichenhall bestaunen, wenn an einem gewittrigen Tag der Watzmann so beängstigend nahe zu kommen scheint, dass man rasch davonrennen möchte. Empfinden das die Bad Reichenhaller auch so? Keine Ahnung. Überhaupt weiß ich nicht, wie es ist, ein Bayer – respektive eine Bayerin – zu sein. Zu sehr ist mir die bayerische Mentalität fremd. Schuld ist hier sicher auch die CSU, die wie eine überdimensionale Käseglocke (Kuhglocke?) auf dem Land sitzt und im nicht-bayerischen Restdeutschland nicht den Hauch einer Wahlchance hätte – so jedenfalls meine unbescheidene Hoffnung. Auch die bayerischen Ministerpräsidenten tragen zu dieser Antipathiehypothek kräftig bei. Da gab es Franz Josef Strauß, den die freie Presse so genervt hatte, dass er sie einfach abschaffen wollte („Spiegel-Affäre"). Und da gibt es den gegenwärtigen Markus Söder, bei dem man nicht sicher zu sagen weiß, ob er hauptberuflich primär politisches Kabarett betreibt oder ein öffentliches Amt bekleidet. Aber für politisches Kabarett ist er eigentlich viel zu unstet, da er seine Meinung ja bekanntlich bei jedem Föhn, den es in München sehr oft gibt, wechselt.

Aber Bayern ist schon sehr speziell. Kaum ein Windrad beeinträchtigt die schöne Landschaft. Aber man möchte doch bitte mit dem Strom aus der norddeutschen Windkraft versorgt werden, und das zu norddeutschen Erzeugerpreisen. Aber bitte die Stromtrassen nicht über Land verlegen, das sieht „halt net schee" aus. Wenn alle Stricke mit der Stromversorgung reißen, könnte man auch wieder ein paar Atomkraftwerke bauen. Den Müll, der dabei anfällt, der sollte „halt bittschön net" in Bayern bleiben, der strahlt ja so „derb", den könnte man auch nach Niedersachsen schieben ...

Außerdem müsste der Schlendrian in Berlin endlich aufhören. Und das Geld aus dem Länderfinanzausgleich sollte bitteschön auch wieder zurück nach Bayern fließen. Man kann doch nicht die Geldverschwender in der Hauptstadt so weitermachen lassen. Aber die 100 Millionen Euro an Staatsleistungen an die Kirchen, die sollen natürlich weiterfließen, denn man ist ja ein vorbildlich christliches Land. Und man hat ja auch die Kruzifixe ganz ordentlich in den staatlichen Schulen angebracht, da hatte selbst der Ministerpräsident mit Hand angelegt. (... die guten Taten ließen sich fortsetzen ...)

Ich weiß nicht, mich beschleicht seit Jahren das Gefühl, dass es in Deutschland besser laufen würde ohne Bayern. Das einzige Problem wäre, dass der Freistaat als unabhängiger Staat nach seiner Aufnahme in die UNO vermutlich eine Maut für Auto- und Bahnfahrten einführen würde, sodass der Weg nach Italien dann entweder über die Schweiz führen oder unterbleiben müsste ...

Beethoven, Ludwig van

Größter deutschsprachiger Komponist, 1770 – 1827. Beethoven war ein Perfektionist. Sagenumwoben ist der

Umfang der Menge an kompositorischen Entwürfen, die im Laufe seiner Arbeit in den Papierkorb wanderten. Andere, auch nicht untalentierte Komponistenkollegen (Mozart, Haydn) hätten vermutlich aus dem von Beethoven verachteten Rohmaterial noch einige beachtenswerte Werke geschaffen.

Der Musiklehrer am Gymnasium war auch ein Beethoven-anhänger und sein Kopf war auch ein wenig „beethoven-haft". Das gab seinem Klaviervorspiel im großen Musik-saal eine besondere Note.

Berlin

Ich bin in Berlin geboren – wenn man Steglitz zu Berlin rechnen darf (böse Zungen sprechen Reinickendorf oder Spandau diesen Zugehörigkeitsstatus ja ab). Allerdings sind meine Eltern, mein Bruder und ich wegen der beruflichen Veränderung meines Vaters bereits 1962 – da war ich sechs – nach Kelkheim im Taunus umgezogen. Vielleicht haben auch die politische Großwetterlage und die unsichere Berlin-Situation der damaligen Zeit den Berufswechsel meines Vaters befördert – ich weiß es nicht genau. Während meines Studiums 1974 – 1976 habe ich dann noch einmal in Berlin gelebt. Der letzte längere Wohnaufenthalt zusammen mit meiner Frau und unserer jüngsten Tochter erstreckte sich dann von 2007 bis 2017.
    Als ich 1974 zum Studium nach Berlin kam, bestand eines meiner ersten Erlebnisse, die mir bis heute noch in

guter Erinnerung geblieben sind – abgesehen von der
Musik von Barry White („Phillysound") –, in einem Besuch
der Kult-Destille „Mutter Leydicke" in Schöneberg.
Gefühlt mehr als hundert Gäste drängelten sich innerhalb
und außerhalb der Likör- und Fruchtwein-Kneipe und es
dauerte eine Weile, bis unser spendierender Gastgeber mit
zwei Flaschen Fruchtwein wieder zu uns, drei oder, vor der
Tür wartender Weinverkoster herauskam. An den weiteren
Verlauf des Abends habe ich keine wiedergebbaren Erinne-
rungen mehr ...

Berlin ist Hauptstadt und mit ihren etwa 3,5 Millionen Ein-
wohner:innen größte Stadt Deutschlands. Als Kriegsfolge
und dadurch bedingte Ost-West-Trennung hat Berlin kein
gewachsenes Umland zu bieten wie andere Groß- und
Hauptstädte in Deutschland und Europa. Was wäre aus der
Stadt geworden, wenn man eine Projektion aus den 1920er
Jahren in das Heute vornimmt und sich dabei Nazideutschland, Weltkrieg und Zivilisationsbruch wegdenkt? Geht
natürlich nicht und darf auch nicht sein. Denn Berlin war
vielleicht nicht die „Hauptstadt der Bewegung" – diesen
zweifelhaften Ruhm hatte sich München erworben –, aber
strategisch, organisatorisch und institutionell war Berlin
eben doch der *focal point* des deutschen Unrechtsstaates
und Ausgangspunkt all seiner Verbrechen (vgl. den Text
zum Stichwort „Holocaust"). Doch zurück in die Gegenwart ...

Mit dem „Einigungsvertrag" zwischen der BRD und der
DDR von August 1990 wurde Berlin zur Hauptstadt des
vereinten Deutschlands bestimmt und zugleich als Bundes-

land Berlin – unter Einschluss beider Teile – neu definiert. Aber Berlin ist keine Hauptstadt wie jede andere. Die immer noch vorhandene Trennung in den Ost- und Westteil der Stadt kann man nicht nur an den Straßen und Plätzen erkennen, auf denen die Mauer stand, und auf denen deren Verlauf auf dem Boden nachvollzogen werden kann. Auch sind die Mentalitäten als durchaus verschieden erkennbar. Selbst der Berliner Dialekt Ost ist ein anderer als der Dialekt West; jener ist ausgeprägter, ursprünglicher, dieser ist flacher, weniger melodisch, „amerikanischer".

Vor allem aber unterscheidet sich Berlin im Ansehen der Menschen in der Bundesrepublik deutlich von dem Ansehen anderer Groß- und Hauptstädte in Europa. Zugespitzt formuliert: alle Dänen lieben Kopenhagen, selbst wenn sie auf Lolland leben. (Fast) alle Franzosen lieben Paris, auch wenn sie das nicht immer zugeben werden. Und sicher sind alle Engländer stolz auf die Weltstadt London. Im Kontrast dazu ist praktisch kein Deutscher froh, dass die Weltstadt Berlin deutsche Hauptstadt ist. Und Friedrich Merz drückt sicher nicht nur die Meinung vieler Bayern aus, wenn er Deutschland nicht in Kreuzberg, sondern in Gillamoos verortet.

Aber vielleicht hat er ja Recht? Denn ganz Berlin – nicht nur Kreuzberg – ist auf seine unnachahmliche Art die vielleicht am wenigsten deutsche Stadt in Deutschland. Berlin ist weltoffen, das Lebensgefühl in Berlin ist freier als in Stuttgart, die Bevölkerung ist weniger exaltiert als in München oder Düsseldorf, und kulturell kann ohnehin keine andere deutsche Stadt mit Berlin mithalten. Selbst Schwaben und Rheinländer, die den Prenzlauer Berg,

Weißensee, Neukölln Nord und Kreuzberg als Wohngegend für sich entdeckt haben, wollen nicht mehr wegziehen. Die Ausnahme bilden natürlich die aus der Provinz stammenden Abgeordneten des Deutschen Bundestages, die nach den Sitzungswochen gar nicht schnell genug aus Berlin wegfahren können; vielleicht müssen sie aber auch einfach nur den Pflichten aus der Kehrwoche in ihrer Heimat noch rasch nachkommen ...

In einem ist Berlin aber erkennbar provinziell: Das ist die Stadtpolitik. Daran haben auch Namen wie Willy Brandt und Richard von Weizsäcker nichts nachhaltig ändern können. Politik in Berlin ist eher mit Politikern wie Eberhard Diepgen, Michael Müller und Kai Wegner verbunden ... Aber wenn es um Berlin geht, sind die Entscheidungen des Bundestages auch nicht gerade von Weltoffenheit und Geschichtsbewusstsein geprägt, wie der Abriss des Palasts der Republik in Verbindung mit dem Neubau der Fassade des Berliner Stadtschlosses belegt. Kaum ein Bürger der östlichen Bundesländer, einschließlich Berlin, war mit dem Beschluss einverstanden, aber er / sie wurde ja auch nicht gefragt. Ähnlich verhält es sich mit der „Einheitswippe", dem geplanten Einheitsdenkmal auf dem Platz vor dem Schlossportal. Hier werden sich nach dessen Fertigstellung die Menschen aus aller Welt „wippen" und sich dabei fragen, ob ihr Wippen nun die Einheit vollendet oder diese wieder in Frage stellt ...

Beruf

Merkwürdig: Ich sitze vor dem Bildschirm, denke über das Thema der Überschrift nach, denke weiter nach ... und mir will nichts Rechtes einfallen. Sonderbar. Da ist man siebenunddreißig Jahre voll berufstätig und es fällt einem dazu spontan nichts ein. War mein Berufsleben langweilig? Nein, sicher nicht. Im Gegenteil, es war recht abwechslungsreich. Ich war bei fünf Unternehmen fest beschäftigt und habe als Freiberufler für drei Unternehmen über jeweils etwa zwei bis drei Jahre gearbeitet. Darüber hinaus habe ich im Rahmen meiner Beratertätigkeit etwa zehn bis fünfzehn weitere Unternehmen von innen kennengelernt. Ich habe fachlich-funktional gearbeitet, hatte Fach- und Führungsverantwortung. Die Kiste mit den von mir gesammelten Visitenkarten – so etwas gab es noch zu meiner aktiven Zeit! – enthält bestimmt einige Hundert. Und dennoch: Ich muss sehr tief graben, um an Anekdoten aus meinem Berufsleben zu gelangen ...

Manche Menschen wissen schon mit drei Jahren, welchen Beruf sie als Erwachsene einmal ergreifen wollen: Baggerfahrer, Lastwagenfahrer, Krankenschwester (-bruder), etc. Ich wusste es nicht. Und wenn ich heute meinen ausgeübten Beruf benennen soll, zögere ich. Am besten ist er mit „Mensch im Feld der Informationstechnologie (IT)" umschrieben. Als ich nach mehr als zwanzig Jahren nebenberuflich Informatik studiert habe, hatte ich schon einige Funktionen im IT-Umfeld ausgeübt, als Programmierer, Projektleiter, interner Berater, Abteilungsleiter.

Ich habe erst sehr spät erkannt, dass mir die fachliche Seite der Informatik und ihre Anwendung deutlich mehr zusagte als die diversen Leitungsaufgaben. Mit dem späten Wechsel in die Freiberuflichkeit war dann zum Abschluss doch wieder eine stärkere Fokussierung auf fachliche Aufgaben möglich. Ich bin nicht sicher, ob im heutigen Arbeitsleben eine größere Durchlässigkeit zwischen fachlichen und leitenden Funktionen gegeben ist. Und wenn ja, ob ein Wechsel zwischen den Aufgabentypen leicht und ohne Ansehensverlust beim „Wechsler" und in seinem Umfeld möglich ist. Sicher hängt es auch vom jeweiligen Beruf ab; hier war und ist die Informatik nicht das schlechteste Umfeld für den Wechsel zwischen Fach- und Leitungsfunktionen.

Ah, doch noch eine Anekdote ... Als ich bei einem Unternehmen aus der Warenwirtschaft (, das es seit Längerem nicht mehr gibt) anheuerte, war ich u. a. für eine größere Software-Neuentwicklung verantwortlich, die von einigen Anwendungsprogrammieren umzusetzen war. Dabei gab es von der Bereichsleitung (!) die Vorgabe, dass es keine neu erstellte Programmeinheit (Fachbegriff „Modul") geben dürfe, die mehr als 400 Programmzeilen umfasste. Nun gab es leider in meiner Gruppe vielleicht zwei oder drei Module, die leicht größer waren, vielleicht 500 oder 530 Programmzeilen. Die Antwort des Bereichsleiters, dem das nicht verborgen geblieben war, kam prompt, und zwar in Form einer Abmahnung. Auch plausible Begründungen für die Notwendigkeit der Programmgrößen halfen nicht

*weiter. Allerdings haben wir die Module im Nachgang den-
noch nicht angepasst.*

Betriebswirtschaft

Was haben Betriebswirtschaftslehre und Theologie gemeinsam? Beide haben feste Glaubensgrundsätze und gehören
deshalb eher nicht an staatliche Universitäten. Bei der
Betriebswirtschaftslehre besteht der wichtigste Glaubens-
grundsatz darin, dass „gesundes" Unternehmertum nur in
einer „freien Marktwirtschaft", also im Kapitalismus in
Reinform, gedeihen kann. Eine andere Wirtschaftsform als
die kapitalistische ist für Betriebswirte nicht vorstellbar und
wird daher auch nicht weiter betrachtet. Ein anderer Glau-
bensgrundsatz besteht in der Vorstellung eines „gesunden"
Wachstums der Unternehmen. Und das, obwohl schon
Sechsjährige wissen, dass auf unserem Planeten mit seinen
begrenzten Ressourcen unbegrenztes Wachstum schlicht
nicht möglich ist (vgl. den Text zum Stichwort „Wachstum"). Aber nur ein starker Glaube ist ein guter Glaube,
und so halten sich die Glaubensvorstellungen auch in der
Betriebswirtschaftslehre hartnäckig.

Dabei ist das Fach ja primär eher Handwerk als Kunst,
eher bescheidene Praxis als akademische Lehre. Betriebs-
wirtschaft wäre also mit einer Präsenz an Fachhochschulen
– die sich ja heute auch „Universities" nennen – mehr als
gut bedient. Denn worum geht es in der Betriebswirtschafts-
lehre? Den Brot-und-Butter-Teildisziplinen wie betrieb-
liches Rechnungswesen, Investition und Finanzierung,

Personal, Beschaffung, Produktion, Absatz, etc. sieht man ihren Praxisbezug schon von der Namensgebung her an. Dabei gelingt es der Betriebswirtschaftslehre, ihren Trivialitäten einen akademischen Anstrich zu geben. Zum Beispiel wird aus einfachen Umsatz- und Kostenfunktionen, für die man die erste Ableitung bildet (12. Klasse Mathematik am Gymnasium) *Grenzerlöse* und *Grenzkosten*. Richtig komplizierte Sachverhalte, wie es sie zum Beispiel im Investmentbanking beim Design neuer Produkte gibt – Ziel: Gewinnmaximierung zulasten der Kunden – verstehen Betriebswirte ohnehin nicht und überlassen die Details ihren Mathematikern und Physikern, mit oft fatalen Folgen (Konkreteres kann ich hier nicht preisgeben – man kann aber gerne noch einmal die einschlägigen Nachrichten nach der Finanzkrise 2008 nachlesen ...)

Die Bibel – ... und ihre Moral

Das wohl am weitesten verbreitete und dabei am wenigsten gelesene Werk der Weltliteratur. Es ziert als *Monstranz* oft das wohnzimmerliche Bücherregal oder, in Abwesenheit anderer Bücher, das Regal mit dem Familienportrait – Oma in der Bildmitte auf dem Sessel sitzend –, auf dass der Besucher unmittelbar nach Betreten des Heiligtums erkennt: In diesem Haus wird auf Grundlage der Zehn Gebote *gearbeitet* (2. Mose 20, 1-17). (Vgl. auch den Text zum Stichwort „Zehn Gebote").

Bibel und Babel sind eng verwandte Begriffe. Sie teilen das Prinzip der „Verwirrung"; Sprachverwirrung hier, Denkverwirrung dort.

Was dachte Abraham, als er von Gott den Auftrag erhielt, seinen Sohn auf einem Brandaltar zu opfern (1. Mose 22)? Dachte er vielleicht: „Ach, du meine Güte, was verlangt dieser Gott jetzt von mir? Aber es hilft nichts, ich muss wohl gehorsam sein." Oder dachte er: „Jetzt ist dieser Gott völlig meschugge (aka: gagga). Nein, ich kann das nicht befolgen. Ich werde nur so tun, als ob ich gehorsam bin."

Was Abraham dachte, wissen wir nicht. Aber wenn er nicht fest an eine finale Intervention von einem Engel, Yeti, einer weißen Hirschkuh oder Gott selber glaubte, der/die diese furchtbare Tat in letzter Sekunde vereiteln würden, dann muss man sich Abraham wohl als den unmoralischsten Menschen denken, der je geboren wurde. Natürlich ist Abraham, wie fast alles in der Bibel, reine Fiktion. Aber er zeigt doch den Weg auf, den das „Alte Testament" in seiner Moralität weiter gehen wird. Dieser erste Teil der Bibel, der von Gewalttätigkeit nur so strotzt, erzählt von Eroberungskriegen und Völkermord, von der Abwertung Anders- und Nichtgläubiger und von einem rachsüchtigen und ungerechten Gott. Aber auch der zweite Teil der Bibel, das „Neue Testament", hebt sich nicht nachhaltig davon ab, denn es erzählt von der Erlösung, die es aber nur für den „rechten" Glauben gibt, und der Verdammnis, die auf den Unglauben folgt (vgl. Markus 16,16).

Insgesamt gehört die Bibel nicht in Kinder- und Jugendhände (Vorsicht: Religionsunterricht!), sondern eher auf den Index jugendgefährdender Schriften.

Biller, Maxim

Schriftsteller, Essayist und Kolumnist, geboren 1960. Lebt in Berlin in der Nähe der Zionskirche in Prenzlauer Berg, also sehr nahe an unserer eigenen Behausung in den Jahren 2007 – 2017. Leider muss ich gestehen, dass ich bisher noch kein einziges Buch von ihm gelesen habe.[3] Dafür genehmige ich mir jeden seiner Essays und Kolumnen in *Zeit* und *Süddeutscher Zeitung*, derer ich habhaft werden kann.

Ich liebe diesen Mann (frei nach Kevin Kline alias „Otto" in „Ein Fisch namens Wanda"). Seine spitzen Hiebe und Stiche gegen die deutsche Erinnerungskultur bzw. besser deren Nichtexistenz lassen mich immer schmunzeln. Aber ganz generell kommen bei ihm die nichtjüdischen Deutschen, vor allem Künstler und Politiker, sehr schlecht weg. Manchmal sehr berechtigt, manchmal nahe der Schmerzgrenze. Für mich ist Biller ein Stachel im Fleisch des deutschen „Volkskörpers" (gibt es den (noch)?), aber ein ganz, ganz notwendiger. Natürlich hört man bei ihm immer wieder auch heraus, dass er – der begnadete Schriftsteller deutscher Sprache – bisher noch keinen ganz

---

[3] Unbedingt nachzuholen ist das Lesen seines autobiografischen letzten Romans „Mama Odessa", Köln 2023.

großen Literaturpreis erhalten hat. Aber auch das kann ja noch werden.

Brandt, Willy

„Willy wählen", lautete die Aufschrift auf dem Button, den ich – und sehr viele andere – im Jahr 1972 an ihr Hemd hefteten. Das war ein Bekenntnis für eine politische Wende, die der Sozialdemokrat mit seiner Ostpolitik eingeleitet hatte und die gleichzeitig einen Baustein für die spätere Wende in der DDR darstellte. Auch sein „mehr Demokratie wagen" ist als Motto haften geblieben.

Willy Brandt (1913 – 1992) war einer der markantesten deutschen Politiker. Geboren als Herbert Frahm, nahm er vor seiner Emigration nach Norwegen den Namen Willy Brandt an. Nach dem Ende des Zweiten Weltkriegs kehrte er 1945 als Korrespondent für skandinavische Zeitungen nach Deutschland zurück und berichtete über die Kriegs- verbrecherprozesse in Nürnberg. Mit seinem 1946 erschienenen Buch „Verbrecher und andere Deutsche"[4] nahm Brandt die Deutschen nachdrücklich gegen alle Kollektivschuldvorwürfe in Schutz. Dies hinderte die reaktionären Kräfte im Nachkriegsdeutschland, allen voran Franz-Josef Strauß, nicht, Brandt wegen seines Exils in Norwegen nachhaltig zu diffamieren. Der Vorwurf des „Vaterlandsverrats" stand im Raum. Ein ähnliches Schicksal wurde auch Herbert Wehner (1906 – 1990) zuteil,

---

[4] Bonn 2007.

dem seine frühere KPD-Zugehörigkeit über viele Jahre vorgeworfen wurde.

Breaking Bad

Eine der besten Netflix-Serien, über den Wandel eines an Lungenkrebs erkrankten Chemielehrers, der eigentlich als Chemie-Genie an eine Eliteuniversität gehört, zu einem drogensynthetisierenden, alle Skrupel verlierenden Kriminellen. Die schauspielerischen Leistungen der Hauptdarsteller Bryan Cranston (als „Walter White" bzw. „Heisenberg") und Aaron Paul (als „Jesse Pinkman") sind überaus sehenswert, was das Können und die Performance der anderen Darsteller nicht schmälern soll.

Brecht, Bertold

Etwa im Alter von vierzehn Jahren erhielt ich mein erstes und einziges Tonbandgerät. Neben der Aufnahme von geliehenen Schallplatten (vulgo: Vinyl) wurde das Familienradio zur Quelle für Aufzeichnungen – selbstverständlich mittels Mikrofon, eine Kabelverbindung zwischen Aufnahmegerät und Radio gab es nicht. Besonders erinnere ich mich an die Überspielung der Dreigroschenoper in der Fassung vom Hessischen Rundfunk mit Horst Tappert als Mackie Messer und Willy Trenk-Trebisch als Jonathan Jeremiah Peachum. Ich war fasziniert von der „Oper für Bettler" und habe sie unzählige Male wieder vom Band gehört. Viele der Songtexte und einschlägigen Sprüche der Dreigroschenoper kann ich heute noch auswendig ...

Bertold Brecht (1898 – 1956) Dramatiker, Erfinder des „epischen Theaters", welches das Publikum zu (neuen) Erkenntnissen führen wollte und nicht der Unterhaltung dienen sollte.

Brechts Werk bin ich zuerst in seinen Lehrstücken begegnet (Deutschunterricht, Klasse 7). Deren Erstes in der Rowohlt-Ausgabe – „Der Jasager und der Neinsager" – beeindruckte mich sehr.

Bücher

Ein Geständnis: Ich lese so gut wie keine Belletristik. Romane und Erzählungen haben mich noch nie über die Maßen angesprochen, obwohl ich ahnte und ahne, was mir da entgangen ist und selbst heute noch entgeht. Deutlich erinnere ich mich an das erste Werk „schöngeistiger" Literatur, das ich bewusst und auch mit Freude gelesen habe: „Effi Briest" von Theodor Fontane. Später, im Berufsleben und vor allem als Abwechslung auf langen Autofahrten – meistens von und zur Arbeit – bin ich dann zu allerdings zu belletristischen Hörbüchern übergegangen, Thomas Mann, Hermann Hesse, Gerhart Hauptmann, Lion Feuchtwanger, Franz Kafka, Stendal waren einige der

Autoren, darunter praktisch alle Hörbücher von Mann, inklusive der lesens- und hörenswerten „Schinken" der „Josephs-Romane" und des „Zauberberg", gelesen vom grandiosen Gert Westphal.

Es ist vielleicht angesichts meiner Vita nicht verwunderlich, dass mein Faible doch letztlich mehr auf Sachbüchern liegt ...

Bücher gehören zu den Dingen, die im Leben unverzichtbar sind. Jeder ist gut beraten, sich immer wieder einmal zu überlegen, welche hundert Bücher er/sie auf die sprichwörtliche „einsame Insel" mitnehmen würde. Würden hundert Bücher genügen? Und wenn es nur zehn sein dürften, welche wären es dann? Und wenn es nur eines wäre? Hoffentlich ist es dann nicht die Bibel. Ich entscheide mich jetzt spontan für „Doktor Faustus" von Thomas Mann und beginne das Lesen gleich mit dem Kapitel 25 – die direkte Begegnung des Buchhelden Adrian Leverkühn mit dem Leibhaftigen! (Siehe Stichwort „Mann, Thomas".)

Die Bundeswehr – bald kriegstüchtig?

Durch glückliche Umstände war es mir nicht vergönnt, zur Bundeswehr gehen zu dürfen. Nach meinem Abitur im Alter von gerade einmal achtzehn Jahren beschlossen meine Eltern und ich, unsere familiären Bande in Berlin zu nutzen und mich mit erstem Wohnsitz dort bei meiner Oma anzumelden. Damit ging die Erfassung durch das Kreiswehrersatzamt im Oktober desselben Jahres und damit Musterung und Einberufung an mir vorbei, denn Westberliner mussten keinen Wehrdienst leisten.

Später habe ich auf Nachfrage immer gesagt, dass ich nicht beim „Bund" war, dafür aber sich mein Bruder dort für volle zwei Jahre freiwillig verpflichtet hat, sodass eine Art „familiärer Ausgleich" für meine Wehrunwilligkeit verwirklicht wurde. Was ich getan hätte, wenn die Umstände damals anders gewesen wären, weiß ich nicht.

Unser Bundesverteidigungsminister möchte die Bundeswehr *kriegstüchtig* machen. (Ich hoffe, ich habe das richtig verstanden, und er meinte nicht etwa kriegs*süchtig* ...) Dieser Anspruch ist mutig. In einem Land, in dem die Bahn nicht fahrtüchtig, die Brücken nicht belastbar, die Schulen nicht schultüchtig, die Verwaltung nicht digitalisierbar und das Internet für uns alle Neuland ist (so ein Ausspruch einer vormaligen Bundeskanzlerin im Jahr 2013), soll also das deutsche Militär nicht nur verteidigungsfähig, sondern kriegsfähig sein. Aber gemach, ich denke, wir brauchen uns nicht zu fürchten, es wird so schlimm nicht kommen. Die Bundeswehr wird sich letztlich doch all dem – sagen wir – Suboptimalen in diesem Land anpassen.

Wenn ich heute im „wehrfähigen" Alter wäre, wäre eine strikte Verweigerung selbstverständlich. Es ist meiner Auffassung nach mit der Menschenwürde (Artikel 1 Grundgesetz) nicht vereinbar, junge Menschen zum Dienst mit der Waffe zu verpflichten. Ganz gleich, in welchem

Land das geschieht, ob in einer Diktatur oder in einem demokratisch verfassten Staat. In jenem wird nicht gefragt, man kann sich praktisch nur durch Flucht entziehen, in diesem wird möglicherweise „nur" moralischer Druck aufgebaut nach dem Motto, „Gib dem Land etwas zurück". Richtiger wird eine Pflicht zum Wehrdienst, der immer das Potenzial hat, Kriegsdienst zu werden, auch im demokratischen Fall dadurch nicht.

Als wir im Jahr 1983 in Bonn gegen die Stationierung der Pershing II-Mittelstreckenraketen im Rahmen des Nato-Doppelbeschlusses demonstrierten, war die Welt wenigstens „demonstrationstechnisch" noch in Ordnung. Heute verkündet der Bundeskanzler mal so eben, dass 2026 US-Marschflugkörper in Deutschland stationiert werden sollen, und kein Mensch geht auf die Straße ...

Burschenschaften

Zu Berliner Studienzeiten lebte ich im Haus – „auf dem Haus", sagte man dort – einer schlagenden Studentenverbindung. Das Zimmer war günstig, und ich kam dazu auch nur durch meinen Cousin, der Mitglied („Alter Herr") war. Die Versuche, mich selbst als Mitglied zu gewinnen, schlugen fehl und wurden auch alsbald aufgegeben. Des Öfteren gab es Gelage im Haus („Kneipen" und „Kommerse" genannt), das waren „Feiern", bei denen das gemeinschaftliche Biertrinken Ziel der Veranstaltung war. Ungeübte Biertrinker, so sagte man, mussten auch schon mal die eine oder andere Stunde mit nasser Hose sitzen bzw. Stehen, denn das gemeinschaftliche Trinken, gerne auch auf „ex", wurde bevorzugt im Stehen vollbracht, und selbstredend herrschte Anwesenheitspflicht.

Die aktiven Mitglieder mussten zwei Pflichtmensuren ableisten. Das sind Fechtkämpfe zwischen zwei Fechtern, von denen der eine der am Haus ansässigen und der Gegner einer befreundeten Korporation angehörten. Die Klinge des Fechtinstruments (Säbel) ist auf einer Länge von etwa 15 Zentimetern rasiermesserscharf. Gefochten wird in mehreren Gängen, die von den Sekundanten jeweils unterbrochen werden. Die Kontrahenten sind an Kopf, Augen, Hals und Brust geschützt, lediglich das Gesicht ist im Backenbereich bis zu den Ohren ungeschützt. Gelingt einem Fechter ein Treffer, der eine Wunde beim Gegner verursacht, wird in der Regel der Kampf beendet, und der anwesende Paukarzt versorgt die Wunde mit groben Stichen. Der Hausmeister hat dann die Aufgabe, den Paukboden vom manchmal reichlich vorhandenen Blut zu reinigen.

Es gab Studenten, denen die zwei Pflichtmensuren nicht genügten. Sie haben sich freiwillig für weitere Kämpfe gemeldet. Einer der Hausbewohner war besonders ehrgeizig. Er trainierte praktisch täglich auf dem Paukboden im Obergeschoss, die Schläge gegen das Phantom hallten wie Peitschenhiebe durch das gesamte Haus. Er war, so sagte man, ein besonders guter Fechter, der so manchen Kontrahenten arg zugerichtet haben soll.

Als ich das Haus nach Ende meiner Berliner Zeit verließ, war ich nicht traurig, nun keine Mensur mehr erleben zu dürfen.

Dass Stundenten (manchmal auch Studentinnen) manch krude Dinge veranstalten, ist ein Fakt, der eng mit dem Studentendasein verknüpft ist. Weniger selbstverständlich ist es, wenn Studenten auch heute noch Rituale aus dem 18. und 19. Jahrhundert pflegen.

C

Cancel Culture

Ein Phänomen unserer Zeit, bestehend darin, dass man andere Ansichten als die eigenen partout nicht ausstehen kann, sodass man zum äußersten Mittel greift, und die Person, die diese abweichende Meinung vertreten möchte („pfui Teufel!") entweder zum Gespräch oder Austausch gar nicht erst einlädt, oder – noch wirkungsvoller – erst einlädt und dann mit großer Geste und unter Anteilnahme der Medien wieder auslädt.

Casutt

Altes Graubündner Adelsgeschlecht ... – äh, nein, nicht ganz, aber Graubünden stimmt schon, und hier genauer die beiden Rheintäler westlich von Chur, Vorderrhein und Hinterrhein. Hier haben die namensgebenden Vorfahren gelebt, und einer von ihnen ist dann nach Pommern ausgewandert (vgl. den Text zum Stichwort „Cazis").

Der Name stammt aus dem Rätoromanischen, der vierten Amtssprache der Schweiz. Eigentlich besteht das Rätoromanische aus vielen verschiedenen Dialekten, die in den diversen Täler Graubündens gesprochen wurden und teilweise noch gesprochen werden. *Casutt* (oder früher oft *Casut*) leitet sich ab aus *Cas*, was Haus oder Hütte bedeutet (das lateinische *casa* klingt hier an) und *ut*, welches die Lage am unteren Teil eines Hanges bezeichnet. Man könnte den Namen also ins Deutsche übersetzen als „Niederhaus" oder „Unterhaus". Letzteres wäre ganz sinnfällig, denn ein *Unterhaus* (Theater) gibt es in der Stadt Mainz, in der der Autor heute lebt.

Zur Namensforschung vgl. den Text zum Stichwort „Onomastik".

Cazis

Gemeinde nördlich Thusis im Hinterrheintal, Region Viamala im Kanton Graubünden. Hier wohnte der Altvater (Ur-Ur-Großvater) des Autors, der 1845 als Christian Thomas Casut geboren wurde und etwa um das Jahr 1865 – also mit rund 20 Jahren – nach Stettin im damaligen Pommern auswanderte. Dort ehelichte er 1871 die drei Jahre ältere Emilie Amalie Schilbach (oder Schildbach), mit der er 1869 (unehelich) bereits meinen Urgroßvater Eugen Anton Thomas Casutt gezeugt hatte. Christian Thomas Casutt verstarb bereits 1875 dreißigjährig.

Die Gründe seiner Auswanderung lassen sich nur vermuten. Sie sind aber sicher u. a. auf die enorm schlechte wirtschaftliche Lage der Familie mit sechs Kindern in der damaligen Zeit zurückzuführen, in der es viele Menschen aus Graubünden in die nähere und weitere Welt verschlug.

CDU/CSU

Eine Partei (eine „Parteien-Ehegemeinschaft"), die ich aus mindestens fünf Gründen niemals gewählt habe und niemals wählen würde, selbst unter Androhung von (leichter) Folter.

Eine Partei, die an das „christliche Abendland" glaubt, ist unwählbar. Eine Partei, die im multikulturellen Deutschland eine „Leitkultur" etablieren möchte, ist unwählbar. Und dann eine Parteienfamilie, der Personen wie Konrad („Demokratie folgt meinen Spielregeln") Adenauer, Franz-Josef („Spiegel-Affäre") Strauß und Helmut („Bitburg-Kontroverse") Kohl angehörten, ist unwählbar.

In ihrer Unwählbarkeit übertroffen werden CDU/CSU heute nur noch von der FDP (s. dort).

Chabrol, Claude

Claude Chabrol (1930 – 2010) war ein französischer Regisseur und Filmschaffender. Er wird der *Nouvelle Vague* zugerechnet, und seine Filme sind sozialkritische Werke über die Bourgeoisie. Seine zweite Ehefrau Stephane Audran (1932 – 2018) spielte in seinen Filmen oft die kühle, teilweise bösartige Geheimnisvolle. Zu empfehlen mit ihr in der weiblichen Hauptrolle: „Die untreue Frau (1969)" mit Michel Bouquet und „Blutige Hochzeit (1973)" mit Michel Piccoli.

Christentum – und kein Abendland in Sicht

Ohne diesen Paulus aus Tarsus in Kleinasien (heute Türkei) gäbe es das Christentum nicht. Er, der als Saul (Saulus) geboren wurde, zunächst die Christen verfolgte und sich nach seinem „Damaskuserlebnis", bei dem er der Legende nach die Stimme des auferstandenen Jesus gehört haben soll, Paulus nannte, brachte mittels der Auferstehungslegende die christliche Glaubenslehre in die antike Welt und nach Rom. Ohne ihn wäre das Christentum eine bedeutungslose Sekte in Palästina geblieben und vermutlich recht bald nach der Eroberung Jerusalems durch die Römer (70 n. Chr.) verschwunden.

Der Philosoph Michael Schmidt-Salomon, Vorstandssprecher der humanistischen Giordano-Bruno-Stiftung, bezeichnete das Christentum einmal als die wohl „dümmste Religion". Und in der Tat hat das Christentum einige Besonderheiten, die sich hartnäckig sträuben, Eingang in einen normal-verständigen Geist zu finden. Vor allem die „Lehre vom dreieinigen Gott" (Trinitätslehre), also die Vorstellung von Gott, der in den drei Personen Gott-Vater, Gott-Sohn und Gott-Heiliger Geist repräsentiert ist, ist starker Tobak. Bis heute ist sich die Theologie nicht einig, wie sich diese „neuartige Metaphysik der Relationen" (eine schöne Umschreibung der inneren „Logik" der Trinität durch den Philosophen Peter Sloterdijk) einigermaßen plausibel denken und beschreiben lässt.

Aber auch das Wesen und die Geschichte des Jesus von Nazareth sind so „phantastisch", dass fast jede Science-fiction davor verblasst. Die „zwei Naturen" (Gott *und* Mensch zugleich), Leben, Sterben und Auferstehung sind Elemente im Bild des Wanderpredigers, die weder Tolkien noch Stanisław Lem hätten eindrucksvoller ausmalen können. Dabei verstand sich Jesus selber weder als Gott noch als Messias, und sein großer Irrtum bestand in der Annahme, dass das „Reich Gottes" unmittelbar bevorstünde. Ein Gott, der so irrt?

Keine andere Weltreligion hat Vergleichbares (Unglaubliches, Unglaubwürdiges) aufzubieten. So „phantastisch" wie die Religion als Ganzes betrachtet ist, so abenteuerlich ist auch die Behauptung, dass es so etwas wie das „christliche Abendland" gäbe ...

Corona – ... ein Teilaspekt

Über Corona ist viel geschrieben worden, und ich möchte mich hier nur zu einem Teilaspekt der Pandemie und ihrer Bekämpfung auslassen, der meines Erachtens in der Diskussion zu wenig beleuchtet wurde.

Ohne die meines Wissens nach auch wissenschaftlich bestätigten Impfschäden kleinreden zu wollen – jeder

Betroffene hat meine Empathie verdient –, scheinen mir folgende Überlegungen wichtig: Erstens ist meiner Kenntnis nach nicht akkurat nachgewiesen, ob alle Impfschäden monokausal auf den Impfstoff zurückzuführen sind, oder ob es gegebenenfalls in Einzelfällen (!) zu einer parallel zur Impfung stattgefundenen Infektion mit dem Virus gekommen sein könnte.

Zweitens und meines Erachtens noch wichtiger ist folgende Überlegung: Die Impfung mit den mRNA-Impfstoffen von *Biontech* und *Moderna* ahmt die Infektion in gewisser Weise nach, mit dem entscheidenden Unterschied, dass die von den Zellen produzierten Antigene lediglich aus dem sogenannten *Spike-Protein* und nicht aus dem gesamten Virus-Eiweiß-Komplex bestehen. Das Spike-Protein regt das Immunsystem des Körpers zur Gegenreaktion auf, ohne, dass es zu einer Infektion kommt. Daher ist es nach meinem Verständnis logisch naheliegend, dass jede Art von Impfreaktion mit hoher Wahrscheinlichkeit deutlich milder verlaufen wird, als eine tatsächliche Infektion mit einer hohen (mittleren) Virenlast. Und da sich de facto wohl die meisten Menschen (in Deutschland) infiziert haben dürften, muss man Corona-Impfschäden, wie gesagt, ohne diese zu verharmlosen, auch in diesem Licht betrachten. Es bleibt dabei: die schnelle Verfügbarkeit des Impfstoffes und die breit angelegte Impfkampagne haben zum (vorläufigen) Sieg über das Virus entscheidend beigetragen.

DDR – und der deutsche Osten

Wenn ich an die DDR zurückdenke, kommen mir vor allem die Autobahnfahrten durch den Nachbarstaat in den 1960er Jahren in den Sinn. Nach unserem Wegzug aus Westberlin hatten wir oft mehrfach im Jahr die alte Heimat zwecks Familienbesuchen angesteuert und mussten je Fahrt die zwei Grenzkontrollen in Helmstedt/Marienborn und Dreilinden/Drewitz auf der (heutigen) A2 passieren. Die Aufenthalte in den Grenzbereichen waren immer spannend, weil man nie wusste, was sich die Mitarbeitenden des Ministeriums für Staatssicherheit wieder an Neuerungen ausgedacht haben, um den Grenzübertritt nicht zur Routine werden zu lassen. Das ging von harmlosen Aufforderungen – „Nehmen Sie mal die Brille ab!" –, über gründliche Autoinspektionen – „Bitte die Rückbank anheben" – bis hin zu längeren Wartezeiten in der Pass-Baracke.

Einmal war es besonders spannend. Auf der Rückfahrt von Berlin sorgte der Geburtsort meiner Mutter (Gumbinnen, damals Ostpreußen) am Grenzübergang Marienborn bei den DDR-Beamten für Unruhe. Denn es herrschte wohl beim großen Bruder Sowjetunion die Vorstellung vor, dass die im ehemaligen nördlichen Ostpreußen Geborenen russisch-sowjetische Staatsangehörige sind – Gumbinnen hieß (und heißt) nach dem Krieg ja nunmehr Gussew und liegt in der russischen Exklave Kaliningrad. Es bedurfte einer Wartezeit von drei Stunden und viel Überzeugungsarbeit, damit wir unsere Mutter dann endlich doch wieder mit nach Hause nehmen durften ...

Es gibt zwei Werke neueren Datums, die den „deutschen Osten" – Ostdeutschland – und die Befindlichkeit seiner Bürgerinnen und Bürger zum Thema haben. Das eine ist das Buch des Leipziger Literaturwissenschaftlers Dirk Oschmann („Der Osten: eine westdeutsche Erfindung"[5]), in dem er – dem Titel entsprechend – *den Osten* als eine Erfindung Westdeutschlands betrachtet, also als geografisch lokalisierbares, sozialkulturelles Phänomen praktisch für nicht existent hält, oder genauer: als reine Zuschreibung auffasst. Ganz anders hingegen das Werk des Rostocker Sozialwissenschaftlers Steffen Mau. Mau beschreibt in seinem Buch „Ungleich vereint. Warum der Osten anders bleibt"[6] – ebenfalls titelentsprechend – die bleibenden Unterschiede zwischen Ost und West auf Grundlage demografischer, sozialstruktureller und politisch-kultureller Verschiedenheit.

Wenngleich ich den sehr gut belegten Ansichten Maus eher zuneige, gibt es auch für die These Oschmanns gute Gründe. Es ist völlig unbestreitbar, dass alle Lebensberei-

---

[5] Berlin 2024.
[6] Berlin 2024.

che in Deutschland nach wie vor von westdeutschen Perspektiven dominiert werden. Das gilt für Politik, Wirtschaft, Wissenschaft, Kultur und Medien. Nicht verwunderlich, dass sich viele Ostdeutsche heute als Bürger zweiter Klasse fühlen. Leider wurde bei dem Beitritt der neugegründeten Länder Ostdeutschlands zum Grundgesetz – der eher einer Übernahme Ostdeutschlands durch die BRD glich – die Chance einer Verfassungsgebung versäumt. Auch wenn in eine solche, gemeinsam von Ost und West getragene neue Verfassung für Gesamtdeutschland 95 Prozent des Grundgesetzes übernommen worden wären, so hätte allein die Beteiligung der Ostdeutschen eine völlig andere Grundlage und Identifikation mit einem „ gemeinsam neu zu gestaltenden" Staat geschaffen. Aber: *no use crying over spilt milk ...*

Vergleicht man die Bedingungen Ostdeutschlands nach der Wende mit denjenigen der ehemaligen Staaten des Ostblocks, dann besteht der fundamentale Unterschied darin, dass Ostdeutschland in ein bestehendes Staatsgefüge integriert wurde, während Polen, Tschechien, Ungarn (und die anderen) volle eigenständige staatliche Souveränität erhielten. Es liegt auf der Hand, dass dieser Umstand in diesen Gesellschaften zu einer als viel stärker empfundenen Selbstwirksamkeit im Hinblick auf die Gestaltung der gesellschaftlichen Entwicklung führen musste als in den neuen Bundesländern. Hier könnte der Vorschlag von Steffen Mau weiterhelfen, Ostdeutschland zu einem (sinngemäß) „Versuchsfeld" für neue Demokratieansätze zu machen, zu denen unter anderem Bürgerräte gehören (siehe hierzu auch den Text zum Stichwort „Demokratie").

Wenn auch Unterschiede zwischen Ost und West bleiben werden, gilt es doch für uns *Wessis*, zweierlei zu tun: erstens müssen wir beginnen, die Verschiedenheit des Ostens als solche anzuerkennen und nicht als Abweichung von einer Norm „West" zu verstehen. Zweitens müssen die institutionellen Ungerechtigkeiten in der Besetzung öffentlicher und privatrechtlicher Positionen endlich beendet werden. Dies gilt für den öffentlichen Dienst, den politischen, kulturellen und wissenschaftlichen Bereich, aber auch für die Privatwirtschaft.

War die DDR ein *Unrechtsstaat*? Diese Diskussion wurde zum Ende der 2010er Jahre sehr kontrovers geführt und flammt auch seitdem immer mal wieder auf. Sicher war die DDR kein Rechtsstaat. Es gab keine unabhängige Justiz, keine freien Wahlen, es gab Mauer und Schießbefehl, Hohenschönhausen, Hoheneck, die Staatssicherheit und vieles „unappetitlich" andere mehr. Und dennoch: Der Begriff „Unrechtsstaat" impliziert eine viel zu große Nähe zum faktischen Unrechtsstaat Nazideutschland, bis hin zur Gleichsetzung. Und diese Nähe wird dem Leben der allermeisten Deutschen in der DDR nicht gerecht. Um hiervon ein besseres Bild zu erhalten, empfehle ich uns Wessis die Literatur von Menschen, die aus ihrem Leben in der DDR erzählen. Als Beispiel sei der Roman „Kairos"[7] von Jenny Erpenbeck genannt, der jüngst mit dem begehrten *International Booker Price* ausgezeichnet wurde. Vielleicht ist es auch kein Zufall, dass Erpenbeck bisher mehr internationale als (west-)deutsche Aufmerksamkeit erhalten hat?

---

[7] München 2024.

Degrowth – eine Chance zum Überleben

Degrowth („Wachstumsrücknahme") ist ein Ansatz zum Überleben der Menschheit vor dem Hintergrund endlicher Ressourcen, Umweltzerstörung, Klimakatastrophe und Artensterben. Es bedeutet schlicht: „weniger ist besser". Weniger Produkte herstellen und kaufen – die meisten benötigen wir eh nicht – ist besser. Weniger Fleisch fabrikartig „produzieren" und verzehren – am besten ganz darauf verzichten – ist besser. Weniger Wasser – warum darf man damit Geld verdienen? – zu verbrauchen ist besser. Weniger Luft zu verschmutzen – warum kostet das eigentlich nichts? – ist besser. Weniger nach Einkommen und Vermögen zu streben, ist besser. Weniger den eigenen Vorteil zu suchen, ist besser. Weniger unzufrieden mit seinem Leben zu sein, wenn es einem doch eigentlich gut geht, ist besser.

Der Mensch kommt nackt auf die Welt und verlässt diese auch praktisch nackt. In der Zwischenzeit sollte er wachsen, wachsen an Authentizität, Achtsamkeit, Einfühlsamkeit und guten Gedanken. ... wenn ihn das Leben lässt ...

Demokratie – geht da noch mehr?

Demokratie kann man nur als Prozess denken. Mein Eindruck ist, dass viele unserer Politiker:innen Demokratie eher als eine Art Kathedrale denken, bei der man ab und an einmal die Fassade vom Taubenkot reinigen muss, aber sicher nichts an der Statik verändern darf.

Aber der Prozessgedanke führt weiter. Und in einer *Zeit großer Veränderungen* (ja, eine Plattitüde, aber trifft auf unser Heute dennoch zu ...) darf auch die Demokratie nicht auf dem Stand von 1949 stehen bleiben. Und Vorschläge gibt es ja. Da wären zunächst die *Bürgerräte*. Es gab sogar einen ersten Versuch auf Bundesebene mit einem Bürgerrat, der sich über Ernährungsfragen ausgetauscht hat. Man darf gespannt sein, welche seiner Empfehlungen in ein Gesetzgebungsverfahren münden. Bürgerräte und Bürgerforen gibt es auch in einigen Bundesländern, führend ist hier Baden-Württemberg. Zu fordern wäre, dass die Empfehlungen aus Bürgerräten und -foren in den parlamentarischen Beratungen eine größere Bindungskraft erlangen. Dies könnte im ersten Schritt so gestaltet werden, dass gegen parlamentarisch abgelehnte Empfehlungen eine Einspruchsmöglichkeit für Bürgerrat/-forum eingeräumt wird, die dann zu erneuter Beratung der Empfehlungen führen müsste.

Bürgerbefragungen und *Bürgerabstimmungen* zu bestimmten Entscheidungen sind eine weitere Form der Bürgerbeteiligung, vor der Politiker:innen heute noch überwiegend zurückschrecken. Dennoch sollten hierzu Versuche in ausgewählten Bundesländern gestartet werden.

Das Petitionswesen in Bund und Ländern sollte reformiert werden. Nach meinen eigenen Erfahrungen mit an die entsprechenden Ausschüsse von Bundestag und Landtag Rheinland-Pfalz eingereichten Eingaben gibt es Verbesserungsbedarf. Petitionen werden allzu leichtfertig abgewiesen. Und Aufforderungen zu Gesetzesänderungen, die zur Prüfung vom Petitionsausschuss an das Justizministerium verwiesen werden, werden nach Negativbescheid von dort, ohne weitere Prüfung durch den Ausschuss beendet. Durch diese Filterfunktion der Petitionsausschüsse erreichen viele sinnvolle Anliegen die Abgeordneten der Parlamente nicht. Hier wäre es gegeben, Petitionen zu bestimmten definierten Themen den Parlamenten zur Beratung zuzuleiten, auch bei vorheriger Ablehnung durch die Petitionsausschüsse. Denn Petitionen sind u. a. auch ein wertvolles Stimmungsbild der Bevölkerung, das die gewählten Vertreter zur Kenntnis nehmen sollten.

Ein bereits seit Längerem existierender Vorschlag ist die direkte *Wahl des Bundespräsidenten* durch die Bevölkerung. Gegen diesen Vorschlag wird oft angeführt, dass der Bundespräsident nur repräsentative Verantwortung hat und die Wahl durch die Bevölkerung das Amt nur „optisch" aufwertet, ohne funktional durch ein Mehr an Verantwortung unterfüttert zu sein. Das ist meines Erachtens ein Scheinargument, denn ein von der Bevölkerung gewählter Präsident kann, nein muss, seine Zurückhaltung in tagespolitischen Fragen aufgeben und sich nach Kräften einmischen. Das wäre eine ausreichende Unterfütterung des Amtes und eine Auffrischung der Tagespolitik für Regierung und Parlament.

Noch einige Anregungen zu Legislatur und Wahlrecht. Die Legislaturperiode des Bundestages ist mit vier Jahren zu kurz. Hier sollte eine Verlängerung auf fünf Jahre erfolgen. Die Sperrklausel von 5 Prozent ist ebenfalls zu hoch und sollte auf 3 Prozent abgesenkt werden. Landeslisten der Parteien sollten paritätisch und gleichrangig mit Männern und Frauen besetzt werden. Parteien, die dies nicht bewerkstelligen, erhalten einen Malus auf ihr prozentuales Stimmenergebnis. Eine weitere Idee, mit der man gegebenenfalls in einem Bundesland einmal experimentieren könnte, wäre eine Art „freiwilliges imperatives Mandat". Parteien könnten entscheiden, einzelne Punkte in ihren Programmen mit einem solchen Mandat zu verbinden. Wenn eine solcherart mandatierte Partei dann in Regierungsverantwortung käme, würde sie sich verpflichten, diese Punkte mit allen Stimmen der Fraktion der Partei in öffentlicher Abstimmung zur Durchsetzung zu verhelfen.

Deutschland – Staat ohne Nation

„Was ist deutsch?" – Wenige Fragen beantworten sich implizit selbst. Die Eingangsfrage gehört zu dieser seltenen Fragspezies, wie bereits Friedrich Nietzsche auffiel. Deutsch ist, zu fragen, was das ist ... Die Deutschen, jedenfalls ein signifikanter Anteil, scheinen seit langem eine Vorliebe für die Beschäftigung mit ihrem Selbstbild zu haben, wie der Narzisst, der noch jede halbwegs stille Wasseroberfläche für die Betrachtung des eigenen Porträts nutzt. Dabei deutet dieses beharrliche Fragen „Wer sind wir? Wer wollen wir sein?", ohne je befriedigende Antworten zu finden, darauf hin, dass es dieses *Wir*, dieses Kollektiv mit charakteristischen und gemeinschaftlichen Eigenschaften offenkundig nicht zu geben scheint. Mehr noch, den Deutschen fehlt meiner Einschätzung nach spürbar eine *Identität* als Deutsche, eine Art *nationale Staatsidee*, eine von der gesellschaftlichen Mehrheit getragene Vorstellung davon, was dieses Deutschland ist und sein sollte. „Ich wusste mit Deutschland noch nie etwas anzufangen und weiß es bis heute nicht", schreibt Robert Habeck 2010 in seinem Buch „Patriotismus"[8]. Auch wenn er dies heute, in ministerieller Verantwortung, wahrscheinlich nicht mehr so pointiert formulieren würde, spricht er damit doch eine basale deutsche Wahrheit an. Deutschland ist eine Illusion, ein Staat zweifellos, aber ohne das Fundament einer *Nation*, die man sich nach dem Schriftsteller Ernest Renan als „große Solidargemeinschaft" vorzustellen hat und in der es ein „tägliches Plebiszit" für die Fortsetzung des gemein-

---

[8] Gütersloh 2010.

samen Lebens gibt. An diesem Befund der Nichtexistenz einer deutschen Nation ändert auch der Umstand nichts, dass die Ausgangsfrage in stets wechselnder Form vorgebracht wird, der allerdings ein immer gleicher Fundus zugrunde liegt. Ob „Leitkultur", Patriotismus, Staatsbürgerschaftsrecht, Historikerstreit, ja selbst in der Debatte um Migration und Integration, es geht stets um die Suche nach nationaler Identität, und diese Suche endet immer mit der Feststellung, dass eine solche Identität nicht gefunden worden ist. Für mich ist klar, dass diese Art Bemühungen in diesem Land gar nicht erfolgreich sein kann. Und – *ganz wichtig* –, dieser Mangel ist eigentlich kein wirklicher Mangel, ganz im Gegenteil: er ist Voraussetzung für eine gelingende Integration Deutschlands in Europa und für eine universalistische, kosmopolitische Weltperspektive. Doch davon später mehr; jetzt zunächst noch etwas mehr zur Symptomatik Deutschlands als Staat ohne Nation ...

Betrachten wir andere Länder in unserer Nachbarschaft, so stellen wir fest, dass es neben den stereotypen Zuschreibungen (französisches *savoir vivre*, italienisches *dolce vita*, dänische *Hygge*, amerikanischer *pursuit of happiness*) und der meist vollkommenen Abwesenheit der Frage nach dem „Wer wir sind, wer wollen wir sein?" in den meisten dieser Staaten eine unausgesprochene Übereinstimmung über den Kern ihrer jeweiligen nationalen Identität, eine Art *Identitäts-Common sense* oder *National sense* zu geben scheint. Dieser *National sense* fehlt in Deutschland vollständig. Ja selbst in der Schweiz, oft als multi-national beschrieben, mit ihren vier Sprachen, den kulturellen Unterschieden zwi-

66

schen Deutschschweiz, Romandie und *Svizzera Italiana*, nimmt man als beobachtender Ausländer eine Gesamtschweizer Identität wahr. Im politischen Raum findet diese in der berühmten Schweizer Konsens-Demokratie ihren Ausdruck. Gesellschaftlich kann man es im Umgang der Schweizer:innen mit ihrer Eisenbahn beobachten, die fast schon Kultstatus genießt. Die sprichwörtliche Pünktlichkeit der SBB beruht sicher auch auf einer guten Unternehmensführung, meines Erachtens aber vor allem darauf, dass die Kund:innen *wollen*, dass die Bahn pünktlich ist und gerne bereit sind, sich für dieses Ziel entsprechend zu verhalten. Man möge dieses einmal dem Beispiel Deutschland und Deutscher Bahn gegenüberstellen ...

Auch hinsichtlich nationaler Symbole hat Deutschland nicht viel Substanz in die Waagschale zu legen: die Hymne ist eher ein Schlaflied als ein „Aufwecker", die Fahne ist ein ästhetisches „Nichts", noch furchtbarer als die belgische. Und die anderen Nationalsymbole (Kyffhäuser, Niederwald, Hermann, und andere) riechen schon recht modrig. Und wenn neue Symbole erfunden werden, sehen sie schon nach der Fertigstellung alt aus (exemplarisch sei die Fassade des Berliner Stadtschlosses erwähnt). Aber kann man von einer Institution, die sich „Stiftung Preußischer Kulturbesitz" nennt, anderes erwarten?

Warum fehlt den Deutschen eine nationale Identität? Die Gründe sind vielfältig. Es sind Gründe, die mit der späten Staatsgründung zu tun haben – der Soziologe Helmuth Plessner prägte den Begriff der „verspäteten Nation" – und sicher auch mit der Geschichte Deutschlands der letzten hundert Jahre. Für mich liegt der Hauptgrund aber vor allem in der deutschen Kleinstaaterei und den sich aus ihr ergebenden kleinteiligen Mentalitätsunterschieden. Noch bis 1803 bestand das Deutsche Reich (das „Heilige Römische Reich") aus weit mehr als 1.000 einigermaßen souveränen Territorien. Im Zuge der Reichsdeputation 1803 fand eine Flurbereinigung statt, die die Anzahl auf etwa 30 autonome Fürstentümer reduzierte. Viele der heute 16 Bundesländer sind in sich noch einmal in weitere „Landsmannschaften" geteilt, erkennbar besonders an den „Bindestrich-Ländern" Nordrhein-Westfalen, Rheinland-Pfalz, Schleswig-Holstein, Mecklenburg-Vorpommern. Wenn wir heute genau hinsehen, erkennen wir in allen Lebensbereichen – staatlich/politisch und nichtstaatlich, kulturell und zivilisatorisch – die alten Fürstentümer von 1815 bzw. 1803. Im gröberen Maßstab erkennen wir viele zentrale Gegensätze, die sich in sehr verschiedenen Kulturen und Mentalitäten ausdrücken: dazu zählen Gegensätze zwischen West und Ost, zwischen Nord und Süd, diesseits und jenseits der *Benrather Linie*[9], diesseits und jenseits des Rheins, zwischen traditionell katholischen und evangelischen Regionen.

Manchmal frage ich mich, wer steht mir eigentlich kulturell näher? Jemand aus Offenburg oder Straßburg, jemand aus München oder Innsbruck, jemand aus Dresden oder Prag, jemand aus Frankfurt/Oder oder Posen, jemand aus Flensburg oder Sønderborg. Und natürlich kann ich diese Frage nicht beantworten.

---

[9] Die *Benrather Linie* markiert eine Dialektgrenze zwischen dem nördlichen und dem südlichen/mittleren Deutschland und verläuft grob skizziert etwa von Düsseldorf bis nach Berlin.

Deutschland bekennt sich langsam sogar dazu, ein *Ein-wanderungsland* zu sein. Und auch diese Entwicklung endet letztlich darin, alle Ansätze zu einer „klassischen" Identitätsfindung entlang gemeinsamer Narrative und Symbole scheitern zu lassen.

Und doch ist dieser deutsche Identitätsmangel nüchtern betrachtet eher ein Vorteil als ein Nachteil. Ganz sicher aus europäischer Perspektive. Nicht nur im historischen Rückblick, wenn man an die europäische (und außereuropäische) Leidensgeschichte denkt, die der zweimal gescheiterte Versuch der autoritären, gewaltsamen Gestaltung einer nationalen deutschen Identität im vergangenen und vorvergangenen Jahrhundert gezeitigt hatte. Sondern auch für das Fernziel einer – leider derzeit aus dem Blick geratenen – „immer engeren Europäischen Union" scheint Deutschland mit seinem Identitätsmangel und seiner „losen Kopplung" halbautonomer Teilstaaten schon bessere Voraussetzungen zu haben als andere. Eine gefestigte nationale Identität, die mehr oder weniger explizit stärker auf „my country first" setzte, wäre da eher ein Hindernis auf dem Weg des weiteren Zusammenwachsens Europas.

Und die wichtigsten Probleme der Welt (Klima, Umweltzerstörung, Armut, Hunger, Kriege, Migration) sind ohnehin nur in enger internationaler Zusammenarbeit anzugehen. Ein universalistischer, kosmopolitischer Blick auf die Welt kann hier nur förderlich sein. Zu hoffen ist, das Deutschland seine krampfhafte Suche nach einer nationalen Identität ad acta legt zugunsten der Einübung einer universalistischen Perspektive auf unsere „eine" Welt. Ich denke, nicht nur Robert Menasse ist vom Fernziel der Überwindung des Nationalstaats überzeugt[10].

- - - - - - - - - - - - - - - - - -

---

[10] Robert Menasse, Die Welt von morgen. Ein souveränes demokratisches Europa und seine Feinde, Berlin 2024.

Deutschland und Israel – die Deutschen und die Juden

Der Titel ist in seiner Kürze missverständlich. Es gibt deutsche Staatsbürger:innen jüdischen Glaubens und auch solche ohne Glauben an einen Gott, also säkulare Jüdinnen und Juden. Man muss diese Tatsache nicht wie unser Bundespräsident als „Geschenk" bezeichnen – wer sollte hier wen in welcher Absicht beschenken? Aber *selbstverständlich* ist sie vor dem Hintergrund von Holocaust und deutscher Schuld sicher auch nicht. Wenn im Folgenden von Deutschen und Juden die Rede ist, dann sind mit Ersteren die nichtjüdischen Deutschen und mit Letzteren vor allem die Juden in Deutschland – ob deutsche Staatsbürger oder nicht – und die Juden in Israel gemeint.[11]

Drei Themen stehen im Mittelpunkt, wenn es um Deutsche und Juden geht: Der Holocaust, der Antisemitismus und Israel. Mit den beiden ersten Themen befasse ich mich im Aufsatz (Stichwort) „Holocaust/Shoa – eine nicht heilende Wunde". Im Folgenden soll es primär um Israel und seine Politik gehen.

Der Pink Floyd-Bassist und des Antisemitismus verdächtige BDS-Unterstützer[12] Roger Waters bringt das Verhältnis zwischen Deutschen und Juden trotz seiner zahlreichen ansonsten schwierigen Positionen dennoch gut auf den

---

[11] Im weiteren Text dieses Stichworts wird immer die männliche Form für alle Geschlechter verwendet.

[12] BDS = *Boycott, Divestment and Sanctions*; die Organisation ruft zu Boykott, Desinvestitionen und Sanktionen gegen Israel auf.

Punkt, wenn er in einem Interview mit dem Zeit-Magazin (2018) sagt: „Vielleicht sind die Deutschen und die jüdische Gemeinschaft in einem immerwährenden Tanz gefangen, in dem jeder Schritt eine Qual sowohl für den ehemaligen Mörder als auch für das damalige Opfer ist."

Was Waters hier beschreibt, gilt – sicher mit Abstrichen – für das Gesamtverhältnis zwischen den Deutschen und den Juden, ganz besonders trifft es aber für die Haltung der deutschen Politik zu Israel bzw. zur israelischen Politik zu. Seit Aufnahme der diplomatischen Beziehungen zwischen beiden Ländern im Jahr 1965 kann man die Politik Deutschlands gegenüber Israel auf den einfachen Nenner bringen: Militärgerät liefern, nichts kritisieren, nicht einmischen, Zweistaaten-Lösung[13] nachbeten.

Warum ist die deutsche Politik in dem „Tanz" gefangen, in dem jeder Schritt zu einer Qual wird? Meine Antwort ist zweigeteilt: zum einen vermag deutsche Israelpolitik nicht zwischen den eingangs genannten Themen präzise zu differenzieren, also zwischen Holocaust-Erinnerung, Antisemitismus und israelischer Politik. Zum anderen mangelte und mangelt es der deutschen Nahostpolitik im Ganzen an einer angemessenen, institutionalisierten Organisation.

Zur fehlenden Differenzierung: Mein Eindruck ist, dass deutsche Politik sich eine angemessene Kritik an der israelischen Politik wegen der deutschen Schuld am Judenmord verbietet. Diese Vermischung von Themen, die zu einer

---

[13] Siehe den Text unter dem Stichwort „Israel – heute und morgen".

Selbstzensur und einer Denk- und Sprechblockade führt, ist in einem „aufgeklärten" Staat nicht akzeptabel. Die aktuelle Bundesregierung und ihre Vorgängerregierungen haben zur Ausweitung der Siedlungspolitik, zum deutlichen Rechtsruck der israelischen Politik der letzten Jahre sowie zur beabsichtigten Justizreform praktisch geschwiegen. Und auch die Kritik an der israelischen Kriegsführung in Gaza ist sehr verhalten.

Zur Organisation: Die deutsche Politik gegenüber Israel wäre heute in einer vollkommen anderen Position, wenn sie sich frühzeitig nach dem Ende des Zweiten Weltkriegs *mit Verve und dauerhaft* für eine Befriedung der Nahost-Situation eingesetzt hätte. Denn selbst wenn vereinzelt bestritten wird, dass der Holocaust ursächlich (mit-)verantwortlich für die Gründung des Staates Israel war[14], in Deutschland sollte diese Kausalität nicht bestritten werden. Und das soll hier auch nicht kritisiert werden. Aber die Gründung des Staates Israel hatte eben auch die Vertreibung von 700.000 Palästinenserinnen und Palästinensern – von diesen als *Nakba* = große Katastrophe bezeichnet – aus ihrer angestammten Heimat zur Folge. Wenn man also wenigstens einen Anteil der deutschen Schuld aus der Zeit Nazideutschlands als Ursache für die Staatsgründung Israels und die Folgen dieser Staatsgründung anerkennt, dann wäre eine sich daraus ergebende Pflicht für die deutsche Politik, alles dafür zu tun, dass auf Sicht Frieden nicht nur für Israel, sondern für die ganze Region einkehrte. Einzig eine

---

[14] Der israelische Historiker Tom Segev ist ein Vertreter der These, dass der Holocaust nicht ursächlich für die Staatsgründung Israels war.

breit und auf Dauer angelegte Friedensinitiative Deutsch-lands für Nahost könnte als Umsetzung einer angemessenen „Staatsräson" gelten, die diesen ansonsten sehr schwam-migen Begriff rechtfertigte. Voraussetzung für eine solche Friedensinitiative wäre eine ausreichende personelle, finan-zielle und organisatorische Ausstattung, gegebenenfalls eine Art „Nahost-Ministerium" innerhalb der Bundesregie-rung, mit Vertretungen in Tel Aviv, Jerusalem, Ramallah, vielleicht auch in Kairo, Beirut und Amman. Vertretungen, die anders als die deutschen Botschaften, nur eine Aufgabe haben: beharrlich Friedensgespräche in Nahost organisieren und führen!

Leider ist es in all den Jahren seit 1965 (!) zu einer sol-chen deutschen Initiative nicht gekommen.

- - - - - - - - - - - - - - - - - -

Düsseldorf

Als Berliner ist es natürlich selbstverständlich, dass ich als das Schönste an Düsseldorf den Berliner Bären auf der Berliner Allee betrachte. Und tatsächlich sind Düsseldorf und Berlin durch die *Benrather Linie* miteinander verbunden, die die norddeutschen von den mittel- und süddeutschen Dialekten abgrenzt.

Ansonsten verbinde ich mit Düsseldorf eine Reihe von Firmen, für die ich mehr oder wenig ergiebig tätig war, darunter drei Banken (eine gibt es nicht mehr, welche mag das wohl sein?), ein Energieversorger, eine Versicherung, ein Beratungsunternehmen.

Und klar: Der Rhein ist schön, die Kö wird überschätzt, die Bahnhofsgegend ist und bleibt eben Bahnhofsgegend ...

E

Emanzipation

Die feministische Emanzipation hat bei mir Spuren hinterlassen: Mittlerweile finde ich sogar das Balzverhalten männlicher Stadttauben ziemlich lächerlich ...

England / UK

Meine erste Zigarette habe ich mit etwa vierzehn Jahren geraucht. Als ich mit der Familie 1972 – mit sechzehn – zum zweiten Mal nach England zum Besuch meiner dort lebenden Tante reiste, war das mit dem Rauchen offenbar schon etabliert, jedenfalls hatte mein Vater seinen diesbezüglichen Widerstand wohl aufgegeben. Mein Bruder und ich haben während des Urlaubs dann immer die Tabakshops aufgesucht und die Zigaretten erstanden, die es bei uns nicht gab, und deren Packungen auch noch irgendwie viel besser aussahen als bei uns. Lebhaft erinnere ich mich noch an die schwarze, ungewöhnlich breite Packung „John Player Special" mit der goldenen Schrift.

Der Brexit war eine Katastrophe, für UK und für Europa. Er konnte nur funktionieren, weil sich eine Mehrheit der Briten von den populistischen Rattenfängern der Tories, allen voran Boris Johnson, und des ultrarechten Nigel Farage haben blenden lassen. Außerdem gab es ein deutliches Stadt-Land-Gefälle bei der Abstimmung; London hatte sich mehrheitlich gegen den Brexit ausgesprochen.

Hoffentlich haben die Kontinentaleuropäer die Gründe für den Austritt der Briten aus der EU richtig verstanden und können ähnliche Entwicklungen wie in UK in Europa verhindern.

Englisch

Dass Englisch heute die Weltsprache Nummer 1 ist, ist dem britischen historischen Kolonialismus zu verdanken. Auch der Umstand, dass Englisch im Vergleich mit vielen anderen Sprachen schneller erlernbar ist, hat zur Verbreitung beigetragen. Dabei ist es ein häufig vorkommendes Vorurteil, dass Englisch eine „leichte Sprache" ist. Weder Grammatik noch Aussprache sind wegen zahlreicher Ausnahmen besonders leicht. Hinsichtlich der Grammatik erscheinen mir die romanischen Sprachen beispielsweise deutlich problemloser zu sein als Englisch. Die Grammatik des Spanischen, Französischen, Italienischen, usw. ist zwar recht umfangreich, aber streng regelbasiert. Ähnliches gilt auch für die Aussprache. Einmal gelernt, macht man im Italienischen nie mehr einen Fehler hinsichtlich der „weichen" Aussprache von Lauten auf „c" und „g", denen ein Vokal „e" oder „i" folgt, oder der „harten" Aussprache, wenn diesen Konsonanten ein „h" statt eines Vokals hinzukommt. Aber wie spricht man z.B. das englische Wort für doppelt („duplicate") aus? Oder „prestigious" (angesehen), oder „draught" (Schluck), oder Eigennamen wie „Regan" (weiblicher Vorname) oder Reagan (Nachname)? Wie eng liegen aussprachetechnisch z.B. die Wörter „threat" (Bedrohung) und „thread" beieinander?

Erinnerungskultur, deutsche

... findet praktisch nur in den Reden der Bundespräsidenten und in Form von Kranzabwürfen an einzelnen Tagen der Erinnerung statt. Leider ohne nennenswerte und innere Anteilnahme der deutschen Gesellschaft. (Siehe auch den Text unter dem Stichwort „Holocaust".)

Europa – das Projekt darf nicht scheitern

Europa ist immer noch eine gute Idee, die heute leider wieder in schwerem Fahrwasser beinahe unterzugehen droht. Die Idee ist, eine übernationale Gemeinschaft zu schaffen, in der der Nationalstaat überwunden ist.

Was wären die Ingredienzien für ein erstrebenswertes Europa? Europa muss selbstverständlich demokratisch verfasst sein. Hierzu gehört ein europäisches Parlament, dass aus zwei Kammern besteht (analog Bundestag und Bundesrat). Der „Europatag" bestünde aus frei gewählten europäischen Abgeordneten, der „Europarat" aus Abgeordneten aus etwa sechzig europäischen Regionen und sorgte für die notwendigen „Checks and balances" der Legislative. Der „Europatag" wählte einen europäischen Ministerpräsidenten aus den eigenen Reihen. Europa gäbe sich eine Verfassung, die ohne Gottesbezug auf der Gewährung der Menschenrechte aufgebaut wäre. Der Europäische Gerichtshof repräsentierte die oberste juristische Ebene in Europa. Auf der Ebene darunter wären regionale Gerichte zu etablieren. Eine schöne Idee. Wann setzt Europa sie um?

Dagegen ist der Zustand der Europäischen Union heute schlecht. Nationale Egoismen bestimmen die Tagespolitik, an eine Weiterentwicklung im Sinne der oben formulierten Idee ist derzeit nicht zu denken. Dabei steht viel auf dem Spiel, nicht nur für Europa, sondern für die Welt. Denn, wenn das europäische Projekt scheitert, scheitert damit letztlich die Idee der Überwindung des Nationalstaats. Die Überwindung des Nationalstaats ist aber die Voraussetzung für das Zusammenwirken aller zur Lösung der Probleme der Welt, von Krieg, Armut, Unterdrückung, sozialer Ungerechtigkeit und Klimakatastrophe.

Existentialismus

Einige der Kernthesen des Existentialismus bei Jean-Paul Sartre (1905 – 1980) sind mir sympathisch, besonders das Prinzip des „Geworfenseins" und der Vorrang der Existenz vor der Essenz (dem Wesen).

Anstatt des Geworfenseins erscheint mir die Bezeichnung „Gefallensein" allerdings naheliegender. Wir fallen in die Welt, wir werden nicht geworfen. Würden wir geworfen, müsste es jemanden geben, der wirft. Und den sehe ich nicht und kann ihn mir auch nicht vorstellen, wie es religiösen Menschen offenkundig gelingt.

Exorzismus

In meiner Berliner Studienzeit gehörte der sonntagabendliche Kinogang, nach der vollumfänglichen Verköstigung durch meine Oma, zum Pflichtprogramm. Viele Filme sind mir aus der damaligen Zeit (1974 – 1976) noch heute in Erinnerung, aber bei zweien wird die Erinnerung immer wieder aufs Neue durch wiederholtes Sehen aufgefrischt: der eine ist „Rosemaries Baby" von Roman Polanski; der andere „Der Exorzist" von William Friedkin. Die unglaublichen Szenen bei der Teufelsaustreibung der Hauptdarstellerin Linda Blair (als vom Teufel besessene Regan Mac-Neil) durch die beiden Geistlichen haben sich unauslöschlich in mein Gedächtnis eingebrannt.

Das Exorzismus-Gebet ist auch heute noch Bestandteil der katholischen Kindstaufe. Mit diesem wird der Täufling von der Sünde, die vom Teufel kommt, befreit. Der Exorzismus nach dem *Rituale Romanum* (der „große" Exorzismus, angewendet auf vermeintliche „Besessenheit" bei Erwachsenen) wird vermutlich auch heute noch durchgeführt, wenngleich die katholische Kirche hier deutliche Zurückhaltung übt, vor allem im Bezug auf das, was sie öffentlich preisgibt.

In Erinnerung ist der spektakuläre Fall der Anneliese Michel aus Klingenberg, die ihre „Besessenheit", die vermutlich eine Epilepsie war, durch „Teufelsaustreibung" nach bischöflichem Segen im Jahr 1976 mit dem Tode bezahlte.

Als ein Fall von möglichem Exorzismus in unserer Nachbarschaft öffentlich bekannt wurde, richtete ich einen „offenen Brief" an den damaligen Bischof von Mainz, in dessen Bistum der angebliche Fall angesiedelt war. Eine inhaltliche Antwort erhielt ich nicht, dafür eine nette Grußkarte mit der Information, dass ich doch eigentlich wissen müsse, dass er, der Bischof, grundsätzlich nicht auf „offene Briefe" antworte ... Schade!

Eyes Wide Shut

Der letzte Film von Stanley Kubrick aus dem Jahr 1999. Kubrick verstarb noch vor der Filmpremiere. Der Film ist eine Adaption von Arthur Schnitzlers „Traumnovelle" mit

Nicole Kidman und Tom Cruise in den Hauptrollen. Nach „Barry Lyndon" ist dies mein Kubrick-*Favorite*. Das Leitthema der Filmmusik – die Jazz-Suite von Schostakovitsch – verwende ich als Klingelton auf dem Smartphone ...

FDP

Früher waren CDU/CSU die „Un-Parteien", die zu wählen jedem *anständigen* Menschen (das bleibt jetzt hier so undefiniert stehen!) untersagt war. Heute hat diese Rolle die FDP übernommen. In diesem Jahrhundert hat diese „Partei" zweimal Regierungsverantwortung innegehabt. Von 2009 bis 2013 regierte eine „schwarz-gelbe" Koalition. In Erinnerung geblieben ist mir aus dieser Zeit lediglich die völlig unsinnige Absenkung der Mehrwertsteuer auf Übernachtungskosten auf sieben Prozent, eine FDP-Idee. Vollends unten durch ist diese Partei aber erst seit der aktuellen Wahlperiode (2021 – 2025). Hier zeigte und zeigt die FDP ihr Gesicht ungeschminkt. Am liebsten würde sie die Sozialleistungen des Staates komplett abschaffen, aber das traut sie sich dann doch nicht zu artikulieren. Doch das Bürgergeld muss natürlich auf den Prüfstand, und eine Kindergrundsicherung gibt es schon gar nicht. Den Vogel schießt die Partei aber beim Umweltschutz ab: Sie träumt von Gasheizungen, die mit Wasserstoff und PKWs, die mit E-Fuels betrieben werden sollen. Das Verbrennerverbot für

Neuzulassungen ab 2035 soll wieder rückgängig gemacht werden. Tempo 120 auf Autobahnen und Tempo 30 in Innenstädten wird es mit der Partei auch nicht geben. Der derzeitige „Autobahn-Minister" Volker Wissing (FDP), der in der Tradition seiner CSU-Vorgänger in diesem Amt agiert, ist ganz eindeutig kein Freund der Umwelt, aber sicher der aktuelle Favorit aller Porsche-Fahrer. Nicht umsonst steht ja das Parteikürzel für: Freie Fahrt (F)ür (D)en (P)orschefahrer ...

Finanzmärkte

... sind Märkte, in denen Computerprogramme im Auftrag der Investoren (vulgo: „Heuschrecken") den auf die sechzehnte Stelle hinter dem Komma berechneten größten Profitvorteil ermitteln, der auf dem Globus angeboten wird. Die folgend so investierten Finanzmittel saugen dann Gesellschaft und Natur bestmöglich und nachhaltig aus. Es erscheinen ja bald schon wieder neue Anlagemöglichkeiten mit noch weitergehenden Profitverlockungen ...

Frankfurt

Frankfurt ist „Bankfurt" und „Drogenfurt", hat aber auch durchaus schöne Seiten. Frankfurt war einmal „Freie Stadt", als einzige zusammen mit den Hansestädten Hamburg, Bremen und Lübeck. Und Frankfurt war „heißer

Anwärter", Hauptstadt der 1949 gegründeten Bundesrepublik zu werden, unterlag dann aber Bonn, auf Initiative Konrad Adenauers. Frankfurt ist heute die fünftgrößte Stadt Deutschlands.

Drogenfurt: Mein erster Job im Bankenviertel am Bahnhof war bei einer Bank, die es heute nicht mehr gibt; aber das nur nebenbei. Die Mittagspausen waren skurril. Ich ging des öfteren mit meinem Projektleiter zum Essen in einen der nahe gelegenen Schnellimbisse (Banker haben wenig Zeit, selbst wenn sie in der IT arbeiten ...). In den wenigen hundert Metern, die wir für den Hin- und Rückweg zurücklegen mussten, kamen wir praktisch jeden Tag an „Drogenszenen" vorbei (so möchte ich es hier nennen). Der Kontrast hätte nicht stärker sein können: hier wir, die in Anzug Gehenden, deren Gedanken schon auf das nachmittägliche Aufgabenportfolio gerichtet waren; dort die in abgerissenen Klamotten Sitzenden, die sich gerade einen Schuss gesetzt oder auf diesen sehnsüchtig warteten. Welchen Gedanken diese Menschen nachhingen, wusste ich nicht und fragte ich nicht.

Frauen

Unerwartet ist (zumindest für mich), dass sich auch Friedrich Nietzsche (1844 – 1900) durchaus positiv über das weibliche Geschlecht äußern konnte. Ein kleines Zitat aus seiner Sprüchesammlung „Menschliches Allzumenschliches"[15] – die geneigte Leserin sehe ihm den Ausdruck „Weiber" wohlwollend nach:

„*Der weibliche Intellekt.* – Der Intellekt der Weiber zeigt sich als vollkommene Beherrschung, Gegenwärtigkeit des Geistes, Benutzung aller Vorteile. Sie vererben ihn als ihre Grundeigenschaft auf ihre Kinder, und der Vater gibt den dunkleren Hintergrund des Willens dazu. [...] Die Weiber haben den Verstand, die Männer das Gemüt und die Leidenschaft."

Oft denke ich, dass viele das heute immer noch ganz anders sehen, und das Gemüt eher bei den Frauen und den Intellekt eher bei den Männern verorten. Waren wir nicht bei Nietzsche schon deutlich weiter?

Freiheit

Mit der individuellen Freiheit, die nur durch die Freiheit anderer (und allem anderen Schützenswerten) begrenzt wird, ist das höchste Menschenrecht formuliert. Es ist das Menschenrecht, das die allgemeine Menschenwürde (Artikel 1 Grundgesetz) am treffendsten umschreibt. Freiheit nimmt im französischen Wahlspruch der Republik – Liberté, Égalité, Fraternité – den ersten Platz ein. Die deutsche Nationalhymne sieht für Freiheit nur den dritten Platz vor – nach Einigkeit und Recht ...

---

[15] Frankfurt am Main 1982, erster Band, Nr. 411, S. 231 f.

G

Geburt

Wir *fallen* in die „Welt", wir sind nicht geworfen (Sartre)!
Denn, wer sollte auch der *Werfer* sein? (Vgl. den Text zum
Stichwort „Existentialismus".)

Glauben

„Ich musste also das Wissen aufheben, um zum Glauben
Platz zu bekommen", schrieb Immanuel Kant (1724 –
1804) in seinem berühmten Werk „Kritik der reinen Vernunft". Daraus können wir ableiten: Glauben ist nicht
Wissen, oder auch: Glauben ist Nichtwissen. Alles, was wir
also glauben, wissen wir nicht wirklich. Aber Kant bleibt
bei dieser Erkenntnis nicht stehen. Er ist zwar sicher, dass
eine Instanz wie „Gott" nicht beweisbar ist (nicht „wiss-
bar"), aber er möchte aus praktisch-moralischen Gründen
auf Gott auch nicht ganz verzichten, da ihm sonst das
Fundament des „Sittengesetzes" (wir würden heute *Moral*

sagen) abhanden käme. Nun sind wir heute zweihundert Jahre nach Kant wieder etwas weiter und wollen die Moral in unserem Menschsein selbst begründet sehen.[16] Daher verzichten wir auf die Autorität eines Gottes, der uns sagt, was moralisch gut und was moralisch schlecht ist.

Was bleibt dann noch vom Glauben, wenn Gott nicht beweisbar ist und Moral ohne Gott auskommt? Es bleibt nur noch das vermeintlich „wärmende" Gefühl der Zugehörigkeit zu einer Glaubensgemeinschaft und die Hoffnung auf irgendeine ferne Gerechtigkeit als Ausgleich für all die Übel in dieser realen Welt.

Ich lasse den vom Glauben erfüllten Menschen Gefühl und Hoffnung, obwohl sie für mich keine Bedeutung haben.

Gott

Gott gibt es in der christlichen Theologie in zwei Ausprägungen. Einmal gibt es den „Gott der Philosophen", ein andermal gibt es den „Gott der Bibel", oder – was im christlichen Glauben dasselbe ist – den „Gott der Offenbarung". Beide Götter haben nicht viel gemein. Der erste, der Philosophen-Gott, ist der mit den ganzen „All-Attributen", der Allwissenheit, der Allmacht, der Allgüte. Den anderen, den biblischen Gott, gibt es wiederum in zwei Varianten: als der Gott des Alten Testaments, der Kriege führt und Völker vernichtet. Und als der Gott des Neuen

---

[16] Vgl. hierzu u. a. Markus Gabriel, Moralischer Fortschritt in dunklen Zeiten. Universale Werte für das 21. Jahrhundert, Berlin 2020.

Testaments, an den man glauben muss, damit man nicht verdammt wird (Markus 16,16). Beide Götter erweisen sich, bibelzitatfest nachweisbar, als weder allmächtig noch allwissend und schon gar nicht allgütig. Und der Gott des Alten Testaments wiederum ist entweder Jahwe (*JHWH*) oder Adonai („der Herr"). Der Gott des Neuen Testaments allerdings ist eine große Besonderheit, denn er ist *eines Wesens*, aber *in drei Personen* (Vater, Sohn, Heiliger Geist).

Dieser christliche Götterhimmel stellt schon für die Theologie eine rechte Mühsal dar. Die Theolog:innen arbeiten sich bis heute daran ab, ohne erkennbare Fortschritte. Die armen Glaubenden haben die Qual der Wahl, welchem Gott sie denn nun ihre Zuneigung geben wollen ...

Grundschule

In der Grundschule hatte ich eine Lehrerin, die meinen Eltern am Ende der vierten Klasse für mich eine Realschulempfehlung mit auf den Heimweg gab („Für das Gymnasium wird es nicht reichen"). Glücklicherweise lebten wir nicht in Bayern und meine Eltern haben sich über diesen Rat großzügig hinweggesetzt.

Heimat – waddn daddn?

Heimat ist ein Wort, das nicht zu meinem aktiven Wort-schatz gehört. Und auch passivisch habe ich Probleme damit. Was meint jemand, der von „Heimat" spricht? Origi-nell fand ich die Äußerung von Marcel Reich-Ranicki, der gefragt, was für ihn Heimat bedeutet, antwortete, Heimat sei für ihn die deutsche Sprache. Das war eine kluge Replik, die den Begriff, von aller lokalen Folklore befreit, auf eine metaphysische Ebene hebt und ihn damit so auf-wertet, dass er wieder diskursfähig wird. Denn es gibt ja Menschen, die in einem rein örtlichen Sinne mit Heimat nicht viel anfangen können, schlicht deswegen, weil sie im „heimatfähigen" Alter, also zwischen etwa vier und sech-zehn Jahren (von mir jetzt willkürlich gesetzt) vielleicht mehrfach den Wohn- oder Aufenthaltsort gewechselt haben, freiwillig oder notgedrungen durch Elternentscheid.

Und wenn man den Großteil seiner Kindheit, Jugend und Adoleszenz an einem Ort verbracht hat, selbst dann ist es nicht notwendig, diesen Ort als „Heimat" zu bezeichnen. Heimat hat eine Untermelodie, die immerzu suggeriert:

„hier komme ich her", „hier gehöre ich hin", „hier will ich sein". Auch wenn die Melodie nicht zu pathologischem Lokalpatriotismus führt („Schollen-Bewusstsein"), sie kann für das geistige Wachstum toxisch sein.

Heldentum

Gibt es Helden? Im Grunde ist mir dieses Wort zuwider, es ist verstaubt und passt irgendwie nicht in unsere Zeit. Und dennoch, es *gab* jedenfalls Helden. Für mich gehören dazu: der Amerikaner aus Louisiana, der am 6. Juni 1944 mit dem Landungsboot am Omaha-Beach kurz vor dem Erreichen des Strands in das Wasser sprang und bald danach durch deutsches Maschinengewehrfeuer tödlich getroffen wurde. Ich nenne ihn Leroy. Und auch Ruslan, der Soldat der Roten Armee aus Kasachstan, gehört für mich dazu, als er Mitte April 1945 auf den Seelower Höhen von den Splittern eines deutschen Artilleriegeschosses tödlich getroffen wurde, nachdem er auf seinem Weg nach Westen monate-lang nur verbrannte Erde gesehen hatte. Weder Leroy noch Ruslan haben, als sie sich von ihren Liebsten verabschiedet hatten, daran gedacht, aus diesem Scheißkrieg nicht mehr wiederzukommen.

Wir verdanken den beiden und all ihren Kameraden viel; wir sollten uns hin und wieder an sie erinnern ...

Hessen

Hessen teilt – heute mit Sachsen-Anhalt und Thüringen und frei nach Matthias Beltz (1945 – 2002) – das betrübliche Schicksal, von lauter Deutschen umgeben zu sein. Ansonsten ist Hessen recht unauffällig und eigentlich nicht des Erwähnens wert, wenn da nicht Frankfurt mit seinen Banken wäre. *Und natürlich Kelkheim, die Kleinstadt, in der ich die entscheidenden Jahre meiner Sozialisation verbrachte. Ah.., und Marburg, ist ein netter Studi-Ort, und ...*

- - - - - - - - - - - - - - - - - -

Holocaust/Shoa – eine nicht heilende Wunde

Von den zahlreichen Themen, die mich interessieren, hat dieses eine besondere Bedeutung. Liest man den Text, wird sicher klar, warum dies aus sachlichen Gründen so ist. Aber die sachlichen Gründe zeigen noch nicht das ganze Bild, das nur dann ganz ist, wenn man auch den eigenen Bezug zum Thema, die eigene oder familiäre Betroffenheit einbezieht (Betroffenheit hier im möglichst allgemeinen Sinne verstanden). Als in Deutschland geborenes Kind nichtjüdischer Eltern muss man irgendwie Stellung beziehen zu dem Geschehenen, und tut man dies nicht, tun es andere. Unaufgefordert. Viel zu spät habe ich erkannt, wie wertvoll es gewesen wäre, meine Eltern intensiver über die betreffende Zeit befragt zu haben. Mein Vater, der als Wehrmachtssoldat achtzehn/neunzehnjährig u. a. auch in Belarus eingesetzt war, hat sicher vieles gesehen, was einer Nachbetrachtung wert gewesen wäre, was auch mein Informationsbedürfnis befriedigt hätte. Hat er selbst Verbrechen gegen die Menschheit/Menschlichkeit begangen? Ich hoffe es nicht – ich weiß es aber auch nicht, und dieses Nichtwissen stört. Ich kann für mein Leben keine großen Lehren mehr aus dieser defizitären Herangehensweise an die eigene familiäre Geschichte ziehen, vielleicht können es andere für ihre eigene Familiengeschichte, vielleicht die Leser:innen dieser Zeilen ...

Mit dem Begriff Shoah (hebräisch für Unheil, Heim-suchung, große Katastrophe) verbindet sich das größte Menschheitsverbrechen seit dem Beginn historischer Auf-zeichnungen. Was macht dieses Verbrechen zur Singularität? Warum sieht eine Vielzahl der Historiker den Holocaust („Brandopfer"), wie die Shoah etwas ver-fälschend in vielen Ländern genannt wird, die Geschehnisse rund um den Völkermord an den europäischen Juden als einen ganz besonderen geschichtlichen Verbrechens-komplex? Diese Frage möchte ich zunächst knapp aus meiner subjektiven Perspektive beantworten. Dabei ist die Beschränkung auf die Shoah nicht so zu verstehen, dass die anderen Verbrechen der Deutschen im „Dritten Reich" relativiert werden, u. a. der Vernichtungskrieg im Osten, der selbst in wesentlichen Teilen zur Shoah gehört (*Babyn Jar*, *Maly Trostinez*, u. v. a.), aber auch Euthanasie, Ermor-dung der Sinti und Roma, der Homosexuellen, der Kommunisten, u. a. m., sollen nicht vernachlässigt werden, gehören aber nicht zum hier gewählten Thema.

Im Jahr 1964 sagte Hannah Arendt im Interview mit Günter Gaus an zentraler Stelle zur Shoah: „(..), alles andere hätte irgendwie noch einmal gutgemacht werden können, wie in der Politik ja alles einmal wieder gutgemacht werden können muss. Dies nicht. Dies hätte nie geschehen dürfen. Und damit meine ich nicht die Zahl der

Opfer. Ich meine die Fabrikation der Leichen (..) Da ist irgendetwas passiert, womit wir alle nicht fertig werden."[17]

In seinem Werk „Das Judentum" schreibt Hans Küng unter dem Stichwort „Keine moralische Nivellierung"[18]: „Der *Holocaust ist ein singuläres Verbrechen*. Nicht weil jedes Ereignis, jede Person, jede Epoche einmalig ist; das ist eine Binsenweisheit. Sondern, weil die hier erreichte Dimension des *ideologisch-industriellen Massenmords präzedenzlos, inkommensurabel* und bis heute *kaum vorstellbar* ist".

Arendt und Küng kann ich nur aus voller Überzeugung beipflichten. Hinzufügen möchte ich noch einige weitere Aspekte, die mir wichtig sind.

Da sind zunächst die zahlreichen (Massen-)Erschießungen von Juden und Jüdinnen, beginnend mit dem Überfall der Wehrmacht auf Polen, und sich erstreckend über den gesamten Zeitraum des Krieges im Osten bis zu dessen Ende. Die Erschießungen wurden von den *Einsatzgruppen* der SS sowie den Polizeibataillonen durchgeführt, teilweise unterstützt durch Wehrmachtssoldaten. Die Gesamtzahl der während der Nazizeit durch Erschießung ermordeten Juden und Jüdinnen wird auf mehrere hunderttausend Menschen geschätzt und erreicht damit die Dimension der Morde in den Vernichtungslagern, allen

---

[17] Arendt, Hannah, Das Interview mit Günter Gaus, zitiert nach: Marx, Christoph, Das bewegte Leben der Hannah Arendt: Das Interview mit Günter Gaus, Web-Artikel vom 17.1.2017, https://hannah-arendt.info/der-mensch-hannah-arendt/, abgerufen am 22.6.2023.
[18] Küng, Hans, Das Judentum. Die religiöse Situation der Zeit, 5. Aufl., München 2006, S. 281; Hervorhebungen im Original.

voran dem Lager Auschwitz-Birkenau, das immer als Kernelement der Shoah im deutschen und auch internationalen Gedenken angeführt wird. Mehr noch als die Vernichtungslager, die einen Endpunkt in einem von den SS-Einheiten durchorganisierten, optimierten Eliminationsprozess darstellten, in dem viele „Schreibtischtäter" sich als „Rädchen im Getriebe" relativ frei von persönlicher Verantwortung fühlten – was bezeichnenderweise von der deutschen Nachkriegsjustiz in zahlreichen Fällen Bestätigung fand –, konnten sich die Mörder in den Erschießungskommandos als wahre Helden fühlen, legten sie doch selbst Hand an und beteiligten sich aktiv am „Überlebenskampf des deutschen Volkes". Die Mitwirkung von Polizisten und Wehrmachtssoldaten, ideologisch nicht annähernd so auf den „Rassenkampf" trainiert wie die SS-Schergen, zeigt eindringlich, dass es viele „ganz normale Deutsche" waren, die die Shoah mit ins Werk setzten.

Aber es sind viele weitere Arten von Schuldig-gewordensein der Deutschen, und hier – immer noch vielfach unbeachtet – insbesondere der *ganz normalen Deutschen* in den Jahren 1933 bis 1945, die zur Singularität der Shoah gehören. Eindrucksvoll beschreibt dies Samuel Salzborn in seinem Essay „Kollektive Unschuld"[19]:

„die Schuld weggesehen zu haben; die Schuld, die offensichtlichen Lügen der Nazis geglaubt zu haben; die Schuld, die Straßenseite gewechselt zu haben, wenn einem ein Jude oder eine Jüdin entgegenkam; die Schuld, Freundschaften beendet zu haben; die Schuld EhepartnerInnen

---

[19] Berlin, Leipzig 2020.

verlassen zu haben; die Schuld, denunziert zu haben; die Schuld, nicht in jüdischen Geschäften gekauft zu haben; die Schuld, Jüdinnen und Juden nichts verkauft zu haben; die Schuld, Angestellte entlassen zu haben; die Schuld, Raubgut und enteignete Waren gekauft zu haben; die Schuld, von Raub und Plünderung der deutschen Soldaten profitiert zu haben; die Schuld, den sogenannten Feindsender nicht gehört zu haben; die Schuld, von Hitler fasziniert gewesen zu sein; die Schuld, geglaubt zu haben, die Juden seien der Ursprung der eigenen Unzulänglichkeiten; die Schuld, die Nazis gewählt zu haben; die Schuld, in einer der unzähligen Situationen des Alltags geschwiegen zu haben: [...]"

Welcher Deutsche, welche Deutsche der Nazizeit konnte sich entlang dieses „Schuld-Katalogs" frei von jeder Schuld sprechen? In welchem anderen *Unrechtsstaat* haben so große Teile der Bevölkerung Schuld auf sich geladen? Noch einmal Salzborn zum Thema „Denunziation" und „Übereinstimmung mit dem Regime": „Denn die Gestapo kam nicht so schnell hinterher mit ihrer Verfolgung, wie die Deutschen denunziert hatten, also folgte die Masse der Deutschen nicht nur dem NS-Regime bereitwillig, sondern hatte seine weltanschaulichen Kernelemente: völkische Volksgemeinschaft und antisemitische Vernichtungspolitik, zustimmend internalisiert." Dies ein weiterer Aspekt der Schuld vieler Deutscher, die sich freiwillig zu diesem Regime und seiner Politik bekannten, die aus Übereifer mehr „leisteten" als von ihnen verlangt wurde.

Die Menschheitsgeschichte ist voll von Verbrechen gegen Menschlichkeit und Menschheit. Rassismus, Terrorismus, Kolonialisierung und Kriege bieten bis in unsere

Tage grausame Beispiele. Aber kein Mordgeschehen war und ist so perfide, so beispiellos wie die Shoah. Juden und Jüdinnen zunächst in Deutschland, später in ganz Europa, wurden seit der „Machtübernahme" der Nazis systematisch diskriminiert, ausgegrenzt, entrechtet, verfolgt, tätlich angegriffen und zuletzt ermordet. (Fast) alles geschah am „helllichten Tag", alle Aktivitäten richteten sich gegen Menschen, die zum Teil länger in Deutschland (und seinen Vorgängerstaaten) und in den jeweiligen europäischen Ländern lebten als viele ihrer Gegner und Häscher. Die Verbrechen waren detailliert geplant, bezüglich der Vernichtungsmaschinerie in den Lagern ingenieurmäßig umgesetzt, (medizinisch) wissenschaftlich „begleitet", und bauten nicht zuletzt auf deutschen Ordnungssinn, deutsche Gründlichkeit und Autoritätshörigkeit.

Dennoch ist die Frage des *Warum* bis heute nicht beantwortet, und es steht zu befürchten, dass sie niemals beantwortet werden wird, ja vermutlich einfach aus Gründen der Singularität des Geschehenen prinzipiell nicht beantwortet werden kann. Eben eine Wunde, die nicht heilt. Wir kommen später auf einen „Baustein" einer Erklärung zurück, nämlich den christlichen Antisemitismus.

Erinnerungskultur oder Gedächtnistheater?
Es gibt nicht nur in Deutschland, sondern heute auch fast in der gesamten Welt die (allzu schöne) Geschichte – neudeutsch: *Narrativ* – von der vorbildlichen Aufarbeitung der Zeit des Nationalsozialismus durch die Deutschen. Diese Geschichte ist eine Mär. Sie wird gestützt insbesondere durch viele Reden deutscher PolitikerInnen

anlässlich von Feiertagen wie dem 8. Mai (*Kapitulation*), dem 9. November (*Pogrome*) oder dem 27. Januar (*Befreiung von Ausschwitz*). Ein Beispiel ist die vielgerühmte Rede des damaligen Bundespräsidenten Richard von Weizsäcker am 8. Mai 1985, 40 Jahre nach Kriegsende. Als „Sensation" gewertet wurde seine Aussage zur „Befreiung der Deutschen". Im Wortlaut: „Der 8. Mai war ein Tag der Befreiung. Er hat uns alle befreit von dem menschenverachtenden System der nationalsozialistischen Gewaltherrschaft."

Leider war diese Aussage 1985 genauso falsch wie 1945, denn kaum ein Deutscher, eine Deutsche hat sich am 8. Mai befreit gefühlt. Einige wenige Deutsche, einige wenige Juden und Jüdinnen in ihren Verstecken, einige politische Gefangene, alle, für die sich die NS-Lager öffneten, waren befreit worden – einige haben aufgrund der vorher erlittenen Gräuel dennoch nicht lange überlebt –, die Mehrzahl der Deutschen aber hatten nicht nur einen Krieg verloren, sondern vor allem all das, woran sie vorher geglaubt hatten, u. a. an Teile der kruden Nazi-Propaganda, viele unterstützten sicher auch das „volle Programm".

Eine *Erinnerungskultur*, die den Namen wenigstens im Ansatz verdient, darin sind sich alle ernst zu nehmenden Historiker einig, kann man im Nachkriegsdeutschland erst ab den 1980er Jahren, also rund 40 Jahre nach Kriegsende, konstatieren. Einer der Auslöser war die amerikanische Serie „Holocaust" über das Schicksal einer jüdischen Familie, verschränkt mit der Karriere eines SS-Offiziers. Obwohl verborgen in den dritten Fernsehprogrammen und zu späterer Stunde ausgestrahlt, begann mit der Serie doch wenigstens in einigen Familien eine Diskussion über Krieg und Judenmord. Einige zivilgesellschaftliche Initiativen – stellvertretend sei hier das Projekt „Stolpersteine" des Kölner Künstlers Gunter Demnig genannt – sind wegweisend, meine Einschätzung ist aber, dass die große Mehrheit der sogenannten Zivilgesellschaft wenig Interesse an einer Erinnerung an die Shoah hat, und Erinnerung meint ja heute nicht mehr „Erinnern von persönlich Erlebtem", sondern grundsätzliches Interesse, Wissen-wollen, Mehr-wissen-wollen, nach dem Warum fragen, Empathie mit den Opfern haben, usw. Die deutsche „Erinnerungskultur" wird meiner Überzeugung nach ähnlich überschätzt wie der sogenannte Widerstand im *Dritten Reich*: Es handelte sich im Grunde um ein paar singuläre Ansätze, aber ohne substantielle Durchdringung in der Zivilgesellschaft. Martin Walser hat mit seiner Rede anlässlich der Verleihung des Friedenspreises des deutschen Buchhandels in der Frankfurter Paulskirche im Oktober 1998 sicher vielen Deutschen aus dem Herz gesprochen, wenn er die „Dauerrepräsentation der Schande" kritisiert und sich damit gegen eine „Kultur des Erinnerns" ausspricht. Damit war er nicht der erste, aber ein wichtiger Vertreter der „Es muss einmal Schluss sein"-Fraktion in Deutschland.

Realistischerweise ist das deutsche Narrativ zu Shoah und Vernichtungskrieg nicht das einer verantwortungs-vollen und verantwortungsbewussten „Tätergesellschaft", sondern eher das einer Gesellschaft, in der Schuldabwehr und eigener Opferstatus (Stichworte *Bombenkrieg*, *Vertreibung*) vorherrschend sind. Daher halte ich es eher

100

mit Samuel Salzborn, Max Czollek[20] und Stephan Lehnstaedt[21] und komme zum Schluss, dass die jährlichen Erinnerungsriten mehr den Charakter eines „Gedächtnistheaters" repräsentieren und dass es eine echte „Erinnerungskultur" unter nennenswertem Einschluss der Zivilgesellschaft in Deutschland nicht gab und nicht gibt, wohl aber geben müsste – selbstverständlich auch heute noch!

Ein Blick in Schule und Hochschule sowie eine Betrachtung der Rolle der deutschen Historiker-Zunft unterstreicht diese ernüchternde Einschätzung.

Wie werden der Judenmord und seine Voraussetzungen und Folgen in Schule und Hochschule unterrichtet? Im aktuellen Geschichtsbuch für die Oberstufe an Gymnasien in Rheinland-Pfalz, das hier stellvertretend genannt wird, tun sich wahre Abgründe auf: Zunächst ein Zahlenverhältnis: Das Kapitel „Zivilisationsbrüche – Genozid, Holocaust, Shoah" umfasst vier Seiten, das Kapitel „... – Widerspruch und Widerstand" zwei Seiten! Etwas zu viel der Ehre für den Widerstand, und die Beschreibung des größten Menschheitsverbrechens bleibt dagegen ärmlich dünn. Mit Bezug auf einen *Spiegel*-Artikel aus dem Jahr 2008 (gab es hier keine besseren Quellen?) wird von „rund 200.000 Deutschen und ihren Helfern" gesprochen, die das Vernichtungswerk an den europäischen Juden verrichtet haben. Keine Rede von der vielfältigen Schuld der Deutschen in der Vorphase der Shoah, der Entrechtung, Dis-

---

[20] Max Czollek, desintegriert euch! Bonn 2019.
[21] Stephan Lehnstaedt, Holocaust-Gedenken kratzt nur an der Oberfläche, Tagesspiegel 2018.

kriminierung und Verfolgung der Jüdinnen und Juden im Dritten Reich. (Vgl. oben die Ausführungen zum *Schuldiggewordensein.*) Was sollen unsere Kinder hier aus der jüngeren deutschen Geschichte lernen?

Auch in den Curricula deutscher Hochschulen sieht es nicht besser aus: Überschrift aus einem Artikel des Berliner *Tagesspiegel* aus dem Jahr 2016: „Hochschulen ignorieren den Holocaust". Zitiert werden dort Ergebnisse einer Studie des *Centers für Digitale Systeme* (Cedis), in der die Vorlesungsverzeichnisse von 78 Hochschulen untersucht wurden. Das erschreckende Resultat: „Nur an 23 der 78 untersuchten Hochschulen gab es in jedem der fraglichen vier Semester mindestens ein Lehrangebot zum Holocaust. An elf der Hochschulen wurde gar nicht zu dem Thema gelehrt, an acht kam der Holocaust nur in einem der Semester vor." Mit welchem Geschichtswissen und -bewusstsein entlassen unsere Hochschulen unsere Student:innen?

Und wie „schlagen" sich die deutschen Historiker in der Forschung über die Shoah? Sind sie doch die zur Erinnerung berufenen bzw. professionellen „Erinnerer". Auch hierzu ein Zitat aus berufenem Mund, das die Situation der ersten Nachkriegsjahrzehnte klar bezeichnet: „Es gehört zu den Kennzeichen der frühen Holocaustforschung, dass ihre Pioniere fast ausnahmslos jüdische Überlebende waren, von denen viele heute vergessen sind."[22]

Nachvollziehbar ist, dass viele jüdische Historiker:innen die Shoah zum Thema machten und machen. Nicht

---

[22] René Schlott, Süddeutsche Zeitung vom 27.04.2020.

verständlich die lange Zurückhaltung der nichtjüdischen deutschen Historiker:innen zum Rückblick auf die jüngste Geschichte im Nachkriegsdeutschland.

Antisemitismus

Wesentliche Ursache der Shoah war ein ausgeprägter Antisemitismus, der sich, beginnend im 19. Jahrhundert in Deutschland und Europa als rassischer Antisemitismus formierte und in Deutschland in einen „eliminatorischen Antisemitismus" (Daniel Goldhagen, „Hitlers willige Vollstrecker") steigerte. Der Antisemitismus als solcher ist in Europa auch vor dem 19. Jahrhundert allerdings kein Unbekannter gewesen. Schon vor dem Aufkommen des Christentums, aber besonders seit diesem, war (und ist!) Antisemitismus ein konstitutives Element europäischer und letztlich deutscher Kultur, oder besser „Unkultur". Einer der zahlreichen bekannten und bekennenden Antisemiten war Martin Luther. Seine Schrift „Über die Juden und ihre Lügen" war u. a. Vorlage für Passagen in Adolf Hitlers „Mein Kampf". Luthers Idee, „ihre Hütten anzuzünden", haben dann Hitlers SS-Schergen besonders in Osteuropa dankbar aufgegriffen und voller Elan umgesetzt.

Wenn man nun denkt, dass die europäische Aufklärung Schluss mit dem Antisemitismus gemacht hat, irrt man gewaltig. Die Liste der renommierten Aufklärer, die sich antisemitisch geäußert hatten, ist lang. Voltaire, Hegel, Fichte, Schleiermacher, u. v. a. trugen den Antisemitismus aus dem Mittelalter in die Neuzeit weiter.

Grundlage des christlichen Antisemitismus und Antijudaismus waren stets zwei „Vorwürfe": zum einen der vermeintliche „Christus-Mord" („Gottes-Mord"), zum anderen die standhafte Weigerung der Jüdinnen und Juden, zum Christentum zu konvertieren und Jesus von Nazareth als Gottes Sohn und Messias anzuerkennen. Die unter Zwang erfolgten Taufen jüdischer Bürger u. a. im 15. Jahrhundert in Spanien führten auch nicht zu ihrer Emanzipation, ganz im Gegenteil, ihre Entrechtung wurde damit nur hinausgezögert, ihre Bezeichnung als *Marranen* (zu deutsch: „Schweine") spricht Bände. Unrühmlich im Zusammenhang mit dem Thema dieser Zeilen insbesondere auch die Rolle der christlichen Kirchen während der Nazizeit.

Der christliche Antisemitismus zieht sich seit dem frühen Christentum in Europa über die Spätantike und das Mittelalter bis in die Neuzeit durch viele Jahrhunderte in bemerkenswerter Kontinuität hindurch und hat bis zum heutigen Tag nichts an Schärfe verloren. 2018 machte eine Bemerkung des emeritierten Papstes Benedikt XVI. Furore, der auch wieder nur die religiöse Überheblichkeit des Christentums bekundete („Benedikt XVI. ruft den Juden zu: An Christus führt kein Weg vorbei!"). Walter Homolka, Rabbiner und Hochschullehrer, treffend im Deutschland-funk: „Das Judentum war ein schwarzer Hintergrund, vor dem sich das Christentum identitätsstiftend profilieren konnte."

Erste, zweite und dritte deutsche Schuld

Die Shoah manifestiert die *Ur-Schuld* der Deutschen, oder sagen wir besser die Schuld „Deutschlands" als Rechtsnachfolger des Deutschen Reichs, um keinen

Verdacht einer Kollektivschuld-Unterstellung aufkommen zu lassen. Diese erste Schuld ist, wie oben dargestellt singulär. Dieser Schuld folgten aber eine „zweite Schuld" (Ralph Giordano) und auch eine dritte Schuld, wie nachstehend kurz erläutert werden soll.

Die *Verdrängung und Verleugnung* der Verbrechen während der Nazizeit bildet das Fundament der zweiten Schuld. Urplötzlich waren offenbar alle Anhänger des Nationalsozialismus verschwunden und Deutschland – West wie Ost (!) – wurde von „lupenreinen" Demokraten (konservativen und linken) bevölkert. Die Verbrechen wurden im Bewusstsein der Deutschen von einer kleinen hinterhältigen Clique (oder in der Ost-Variante: von bösen „Faschisten") verübt. Es mag sein, dass dieser Umstand auch durch die Nachlässigkeit der Siegermächte begünstigt wurde, die bestrebt waren, die deutschen Staaten West und Ost rasch in ihren jeweiligen Machtkosmos zu integrieren, weil sie ihnen als wirksame Werkzeuge im „kalten Krieg" nützlich schienen. Dennoch, primär waren es die Deutschen, die vergessen, verdrängen und verleugnen wollten, zu monströs waren die begangenen Verbrechen.

Aber die „Nazis" waren ja noch da. Ihre weitgehende „Rehabilitierung" (mit den wenigen Ausnahmen durch die Nürnberger Prozesse, Ausschwitz-Prozess, etc.) ist Teil der zweiten Schuld. Treffend formuliert Max Czollek: „Will man die Jahrzehnte nach 1945 von einer Integrationsleistung sprechen, dann bestand sie in der Integration ehemaliger Nationalsozialist*innen."

Was nun bedeutet „dritte Schuld"? Einfach gesagt, bedeutet dritte Schuld, die erste Schuld bis heute nicht

„bearbeitet" und die zweite Schuld bis heute nicht anerkannt zu haben.

Antisemitismus war, wie dargestellt, eine der wesentlichen Ursachen der Judenverfolgung. Erschreckend, dass der Judenhass heute in Deutschland nicht nur immer noch präsent ist, sondern vielmehr in den letzten Jahren wieder zunimmt. Wohlgemerkt, nicht vom islamischen Antijudaismus ist hier die Rede, sondern vom rechten Antisemitismus, der mit allen seinen Narrativen praktisch nahtlos an den alten Judenhass der Nazizeit anknüpft. Parallel zu diesem verläuft die Entwicklung des wachsenden Nationalismus in Deutschland.

Ein weiterer Aspekt der dritten Schuld ist eine aufkommende *Schuldumkehr*. Dies meint, dass sich die (Nachfolgegenerationen der) Täter zunehmend als Opfer fühlen und die (Nachfolgegenerationen der) Opfer zu Tätern umdefinieren. Deutsche empfinden sich als Opfer, wenn die Shoah auch heute noch präsent ist.

„Moderner" Antisemitismus äußert sich selbstredend auch in zunehmender Israel-Kritik. Nun muss zugegeben werden, dass der in den letzten Jahren stattgefundene Rechtsruck der israelischen Politik es Kritikern leichter macht. Allerdings erkennt man den Antisemiten spätestens dann, wenn er Israels Existenzrecht in Frage stellt. (Vgl. hierzu den Text zum Stichwort „Israel")

Einen antisemitischen „Ausbruch" jüngeren Datums erlebten wir in Zeit der Corona-Pandemie, in der sich Verschwörungstheoretiker nicht entblödeten, Israel oder „die Juden" für das neuartige Virus verantwortlich machen zu wollen, also eine moderne Form der mittelalterlichen „Brunnenvergiftung".

Eine echte Aufarbeitung wäre notwendig

Vorbemerkt sei, dass eine echte gesellschaftliche Aufarbeitung der Verbrechen der NS-Zeit kein erlittenes Unrecht kompensieren, keine Wunde schließen kann. Dennoch kann und muss – auch bald 80 Jahre nach dem Ende des Zweiten Weltkriegs, 80 Jahre nach der Befreiung des Lagers Ausschwitz-Birkenau – endlich eine breite und tiefgehende Aufarbeitung erfolgen; „breit" im Sinne einer weitgehenden Einbeziehung aller Teile der Bevölkerung (der sogenannten Zivilgesellschaft), „tief" im Sinne einer offenen, ehrlichen Befassung mit der Schuld, insbesondere auch der Anteile der „ganz normalen Deutschen" an Diskriminierung, Entrechtung, Verfolgung und Ermordung der deutschen und europäischen Juden.

Was muss noch aufgeklärt werden? Zunächst genau das Vorstehende, nämlich Art und Umfang der Mitwirkung der deutschen „Normalbürger" an dem verbrecherischen Geschehen (und seinen Vorstufen) während der NS-Zeit. Vieles liegt hier noch im Dunkeln. Was waren die Motivationen der normalen Deutschen, die jüdischen Mitbürgerinnen und Mitbürger ihrem Schicksal zu überlassen? Was zum Beispiel motivierte deutsche Juristen, Enteignungen jüdischen Besitzes zuzulassen? Was dachten Deutsche dabei, wenn sie jüdischen Besitz übernahmen? Was ging in deutschen Medizinern vor, wenn sie ihre jüdischen Kollegen verloren, was in Orchester-Musikern, ohne ihre jüdischen Mitmusiker auskommen zu müssen?

Was dachten deutsche Pennäler, die von heute auf morgen ihre Schulkameraden/Schulkameradinnen vermissten, oder auch nicht? Wie groß war der (vermeintliche) Druck des Regimes in Alltagssituationen, um ein „wohlgefälliges" Verhalten der nichtjüdischen Bürgerinnen und Bürger zu erzielen? Es gab ja offensichtlich Fälle öffentlichen Protests, der Menschenleben rettete (Stichwort: „Rosen-straßen-Protest"). Warum waren solche Proteste von Beginn nur beschämend wenige Ausnahmen? All das ist noch nicht genügend erforscht und bewertet.

Ein anderes Thema, das gründlicher Aufarbeitung und offenkundig auch Auseinandersetzung mit zwei immer noch großen gesellschaftlichen Institutionen bedarf, ist der christliche Antisemitismus, der, wie dargestellt, auch heute noch virulent ist. Meine These ist, dass ohne ein grundlegendes, starkes, aufrichtiges und nachhaltiges „mea culpa" der christlichen Kirchen zu ihrem zweitausend-jährigen, vielfach gewalttätigen Antijudaismus, der Antisemitismus in unserer Gesellschaft (und vielleicht auch in Europa) nicht verschwinden wird. Auch zu diesem Thema ließe sich fruchtbar forschen.

Was muss an Aufarbeitung geschehen? Und wie soll das geschehen? Abgesehen von einer Intensivierung der Forschung rund um die Shoah, welche u. a. die an-gerissenen Fragen erkunden sollte, wären weitere Maß-nahmen notwendig. Selbstverständlich kommt zunächst dem Bildungssystem (Grundschule, weiterführende Schulen, Berufsschulen, Hochschulen, Einrichtungen der Erwachsenenbildung) eine zentrale Rolle zu, um umfassend über das Geschehen der Jahre 1933 bis 1945 zu unterrichten. Wie oben dargestellt, klaffen hier große Lücken.

Ein weiterer Bereich gilt der öffentlichen („offiziellen") Erinnerung. Nach wie vor gibt es keinen Gedenktag im Range eines Feiertags, der an Shoah und Vernichtungskrieg erinnert. Der 27. Januar, der „Tag des Gedenkens an die Befreiung des Vernichtungslagers Auschwitz" ist insofern nicht für eine Aufwertung geeignet, da er letztlich nur die Konzentration auf die Verbrechen „außerhalb der Reichweite der normalen Bevölkerung" fördert und die umfangreiche Verantwortung der nicht-jüdischen Deutschen relativiert. Als „Feiertag" – hier müsste eine Bezeichnung gefunden werden, die den ernsten Charakter unterstreicht, z.B. „arbeitsfreier Gedenktag" – schlage ich den 9. November vor, ggf. im Austausch mit dem doch sehr artifiziellen 3. Oktober. Der 9. November steht, wie wenige andere Tage, für die Wechselhaftigkeit der deutschen Geschichte. Novemberrevolution und Gründung der ersten deutschen Republik, Beginn des Mauerfalls 1989 und, natürlich, Novemberpogrome in Deutschland, Plünderung jüdischer Geschäfte, Zerstörung von Synagogen, Ermordung jüdischer Bürgerinnen und Bürger, alles im „Lichte der deutschen Öffentlichkeit". Der 9. November wäre der „deutsche Geschichtstag" schlechthin.

Erinnerungskultur und gesellschaftlicher Diskurs. Um zu einer echten Erinnerungskultur zu kommen, erfordert das Thema Shoah, seine Explikation und Implikationen, einen gesellschaftlichen Diskurs, unter Einbeziehung möglichst aller Institutionen und möglichst vieler „normaler" Bürgerinnen und Bürger.

Was bedeutet in nun unserem Kontext gesellschaftlicher Diskurs, und wie ist dieser zu organisieren?

Die Antwort ist nicht ganz einfach. Klar ist, dass die bereits angesprochene Forschung und ihre Ergebnisse eine gesellschaftliche Resonanz finden werden, allein schon ihre, politisch initiierte bzw. zu initiierende, Intensivierung. Für eine gesellschaftliche Auseinandersetzung spielen die Medien selbstredend eine herausragende Rolle. Fernsehen, Zeitungen, Online-Medien müssten sich stärker als heute des Themas annehmen. Auch die Kultur sollte hier die Rolle eines Diskursverstärkers spielen. Kino, Theater, darstellende Künste würden dazu beitragen, dass ein gehobenes „Diskurs-Niveau" weiter durchgehend Nahrung erhielte.

Auch wäre ein z.B. zweijährlich stattfindender „nationaler Tag des offenen Diskurses", eine Art „humanistischer Kirchentag ohne Kirche", mit Arbeitsgruppen, Diskussionen, Podiumsveranstaltungen, etc., und unter Einbindung der Themen rund um Shoah und Nazi-Deutschland, eine diskutable Diskursform.

Eine Idee, für die ich kein „Copyright" beanspruche, wäre die Einführung eines jüdischen Feiertags, z.B. Pessach, als gesetzlicher Feiertag in Deutschland. An einem solchen Tag könnten Jüdinnen und Juden dann zusammen mit nichtjüdischen Menschen friedlich feiern, sich austauschen und sich gegenseitig besser kennenlernen.

Natürlich würden all diese Ansätze den zum Teil verdeckten, zum Teil offenen Antisemitismus in der deutschen Gesellschaft an die „Oberfläche spülen", aber letztlich gehört er ja dort genau hin, denn wie soll man denn mit einem Gegner kommunizieren, der im Verborgenen agiert?

Und auch wenn uns dann schmerzlich bewusst wird, dass die Judengegner aller Schattierungen und Judenhasser unter uns mehr sind, als die in Umfragen immer wieder genannten 15 bis 20 Prozent der Bevölkerung (schändlich genug), kann dieser Schmerz nicht größer sein, als der Schmerz derjenigen, die auch heute noch praktisch täglich an das größte Menschheitsverbrechen erinnert werden, eben weil sie erinnert werden.

Die Shoah bleibt eine Wunde, die nicht heilt.

- - - -- - - -- - - - -- - - -- - - - -- -

Homeland

Die US-amerikanische Serie mit acht Staffeln und der unvergleichlichen Claire Danes in der Hauptrolle der CIA-Agentin „Carrie Mathison". Mathison leidet unter einer bipolaren Störung, und offenkundig ist es diese psychische Krankheit, die ihr berufliche Erfolge beschert. Erfolge, die sich oft erst im Nachhinein als solche herausstellen und ihr dennoch weder eine glänzende Karriere noch persönliche Zufriedenheit schenken. Sie ist und bleibt die Agentin, die den „Staub der Straße" für ihre Balance benötigt.

Die Serie ist in gewisser Hinsicht eine mediale Verarbeitung des 9/11-Traumas der USA. Daher auch der Titel, der auf die im Jahr 2002 nach den Anschlägen etablierte Behörde („Homeland Security") Bezug nimmt. Trotz der, insbesondere für amerikanische Verhältnisse, recht ausgewogenen Gestaltung der Plots und differenzierten Zeichnung der Charaktere der Serie blieb sie auch von starker Kritik nicht verschont. Speziell wurde ihr teilweise Rassismus in Bezug auf die islamische Welt vorgeworfen.

Dennoch, Homeland gehört zum Besten, was die amerikanische Filmindustrie in Serienform in diesem Jahrhundert geschaffen hat. Die Teilnahme von zwei der besten deutschen Schauspieler:innen – Nina Hoss und Sebastian Koch war für die Serie auch kein Schaden ...

Humanismus

Humanismus ist eine Weltanschauung, die den moralisch verantwortlichen freien geistigen Menschen in den Mittelpunkt stellt. Humanismus ist eine Weltanschauung der Achtsamkeit für Mitmenschen, Natur, Gegenwart, Vergangenheit und Zukunft. Humanismus hält nichts von Religionen, Ideologien, Propaganda, Manipulation, Werbung und allen Arten autoritärer Meinungsbildung. Humanismus ist für mich die einzig mögliche Weltanschauung.

Humor, deutscher

Eine oft gestellte Frage, ob die Deutschen über Humor verfügen, wird national und international unterschiedlich beantwortet, wobei die Grenze quer durch alle Ethnien verläuft. „Die einen sagen so, die anderen so", um eine etwas abgestandene Pointe mancher Witze zu zitieren.

Meiner Ansicht nach kann man den Deutschen den Humor nicht gänzlich absprechen. Die Namen Heinz Erhardt, Vicco von Bülow (Loriot), Otto Waalkes stehen hier stellvertretend. Und ein Name muss noch angefügt werden, und das nicht aus Genderparität, sondern aus voller Überzeugung: Anke Engelke ist eine Interpretin mit einer ausgeprägten Bandbreite im Humorfach, außerdem auch eine gute Schauspielerin. Ach ja, und noch ein Name:

Helene Bockhorst, ein vielleicht aufsteigender Stern am deutschen Humorhimmel.

Gerne und oft denke ich an Matthias Beltz zurück, den leider viel zu früh verstorbenen Kabarettisten mit seinem vereinzelt durchaus grenzwertigen, aber immer treffenden Humor. Zweimal habe ich ihn leibhaftig erlebt. Einmal als Conférencier im Frankfurter Varieté Theater „Tigerpalast", ein anderes Mal bei einer Firmenveranstaltung. Seine im legendären „zweitausendeins"-Verlags erschienenen Werke „Gut" und „Böse" halte ich in Ehren ...

Ich (und Sprache)

„Wir sind die Geschichten, die wir von uns erzählen können."
(*Story-Concept* der Psychotherapie)

Im Japanischen gibt es zahlreiche Personalpronomen der ersten Person[23], wohingegen es im Deutschen nur dieses eine „Ich" gibt. Offenkundig verstehen Japaner das eigene Selbst anders als wir, und da Sprache nun einmal unser Denken bestimmt bzw. Denken notwendig an Sprache gebunden ist, gibt es verschiedene Arten, uns selbst zu denken. Dabei entspringen die verschiedenen Ich-Formen im Japanischen der jeweiligen zwischenmenschlichen Beziehung des Ich-Sprechers zu seinem Gegenüber. Das japanische Ich formiert sich also nicht isoliert als feste Größe, sondern reformiert sich jeweils neu in Abhängigkeit von der sozialen Interaktion. Ein interessanter Gesichts-

---

[23] Schön nachzulesen u. a. bei Rolf Elberfeld, Sprache und Sprachen. Eine philosophische Grundorientierung, 3. Aufl., Freiburg i. Br. 2014

punkt, der unser allzu „stabiles" Ich vielleicht ein wenig zu erschüttern vermag, hoffentlich zugunsten eines günstigeren Sozialverhaltens.

Identität – Substanz oder Illusion?

Identität soll hier verstanden sein als *kollektive Identität*, also als soziale Identität, die sich aus der Zugehörigkeit von Individuen zu einer sozialen Gruppe mit jeweils spezifischen Merkmalen ergibt. Da das Thema, auch in Verbindung mit Identitätspolitik(en), hochaktuell, aber auch recht komplex ist, schwebt mir ein separater Text vor, den ich dem Thema zukünftig widmen möchte. Für hier zunächst nur so viel:

Identitäten entstehen aus Prägungen, die entweder aus der aktiven Selbstidentifikation mit bestimmten Gruppen (Kollektiven) resultieren *oder* aus Fremdzuschreibungen von Individuen (oder Gruppen) außerhalb der eigenen Gruppe herrühren. Meistens manifestieren sich diese Prägungen aus einer Mischung aus beiden Prozessen, Eigenidentifikation und Fremdzuschreibungen. Beispiele für kollektive Identitäten sind: Geschlechteridentitäten als Mann, Frau, Trans*, Inter*, u. v. a. m., Identitäten nach Hautfarbe, Nationalität, Ethnie, Religion, sozialer Herkunft, politischer Überzeugung, u. v. a. m. In allen diesen Beispielen sind Eigenidentifikationen und Fremdzuschreibungen existent. Eigenidentifikationen und Fremdzuschreibungen sind oft mit Stereotypen (Vorurteilen) verbunden, die die eigene Gruppe („Wir sind xy"), vor allem aber andere

Gruppen betreffen („Ihr seid so und so") und der Abgrenzung dienen.

Das grundlegende Problem mit kollektiven Identitäten besteht darin, dass Minderheitenkollektive (z.B. Trans*, Minderheiten-Ethnien) oder Kollektive, die vermeintlich schwächer sind (Frauen, *People of Color*) diskriminiert werden. Hier setzen berechtigterweise entsprechende *Identitätspolitiken* an, um diese Diskriminierung abzustellen. Nur darf der Kampf gegen Diskriminierung nicht ausarten zu einem Kampf von Kollektiven gegeneinander oder Aggressionen von Minderheitenkollektiven gegen *beliebige* einzelne Vertreter von Mehrheitskollektiven. Auch sind Abgrenzungen gegeneinander immer kritisch zu hinterfragen. Wenn ein weißer Übersetzer den Text einer schwarzen Autorin nicht übersetzen darf, dann hilft dies der Sache der Schwarzen als Minderheit in einer weißen Gesellschaft wenig.

Letztlich hilft nur die Einsicht aller Beteiligten, dass alle Menschen mit gleichen unveränderlichen Rechten ausgestattet sind bzw., wie es die deutsche Verfassung formuliert: „Die Würde des Menschen ist unantastbar." Dass sie angetastet wurde und wird, ist bekannt. Wir alle sind aufgerufen, für Abhilfe zu sorgen. Dennoch: das Ziel bleibt ein universales. Alle Menschen sind gleich würdevoll zu behandeln.

Individualismus versus Kollektivismus

Wenn man fragt, welchen Unterschied es zwischen unserer westlichen Lebensform und anderen, vor allem im asiatischen und teilweise afrikanischen Raum vorkommenden Lebensformen gibt, dann kommt man bestimmt nicht zuletzt auf den Unterschied zwischen unserem *Individualismus* und den in weiten Teilen der Welt eher anzutreffenden *kollektivistischen* Lebensweisen. Vor Jahren war zum Beispiel von Japan zu lesen, dass Arbeitnehmer dort eine deutlich ausgeprägtere Loyalität gegenüber ihrem jeweiligen Unternehmen haben als wir dies bei uns kennen. Dies ging so weit, dass Ehen bevorzugt zwischen Kolleg:innen desselben Unternehmens geschlossen wurden. Man ging damit (vielleicht) sicher, dass die Ehe ob der gemeinsamen Firmenzugehörigkeit harmonischer verlaufen würde als bei verschiedenen, möglicherweise noch konkurrierenden Loyalitäten. Und es wurden nicht wenige Fälle bekannt, in denen Manager nach begangenen Fehlern den Freitod wählten. Alles bei uns nicht undenkbar, aber deutlich seltener vorkommend.

Natürlich ist nicht auszuschließen, dass sich à la longue die Pole von individualistischen und kollektivistischen Lebensformen annähern. Auch soll hier keine Wertung dieser Lebensweisen vorgenommen werden. Aber Reflexion der eigenen Lebensweise ist durchaus angebracht. Wenn wir unsere westliche Lebenswelt betrachten, die heute vom Streben nach Selbstoptimierung und Selbstwirksamkeit einerseits, zunehmender Einsamkeit andererseits charakterisiert ist, muss man fragen, ob Individualismus noch weiter ins Extreme fortentwickelt werden kann, ohne dass Gesellschaften Schaden nehmen.

Informatik

... ist ähnlich der Mathematik eine Formal- und Struktur-wissenschaft. Informatik bietet tatsächlich vieles, was durchaus Spaß macht. Dazu gehören unter anderem die höheren Programmiersprachen (Java, C++, Swift, Python, – nein, Basic gehört nicht dazu!) sowie die Daten-/, Prozess- und Informationsmodellierung. Und bei Letzterer begegnet man dann auch wieder dem Begriff der „Ontologie" (, den man hoffentlich aus der Philosophie kennt; ansonsten unten nachlesen unter dem gleichnamigen Stichwort). In der Modellierung bezeichnet eine *Ontologie* die Sammlung der Kernbegriffe eines Untersuchungs- oder Anwendungsbe-reichs (*Universe of discourse*) mit ihren jeweiligen Defini-tionen und Abgrenzungen. Die Korrespondenz zur philo-sophischen Ontologie, die sich mit dem „Seienden als Seiendem" befasst, ist augenfällig.

Innenstadt

Betrachtet man die Zentren vieler deutscher Städte kritisch, liegt die Vermutung nahe, dass die „Stadt als *Lebensraum für Menschen*" offenkundig nicht bestimmendes Leitbild für die Stadtentwicklung war und ist. Dass die Städte nach der Zerstörung durch den Zweiten Weltkrieg als „Autostädte" konzipiert wurden, ist eine vielleicht verzeihliche Sünde. Aber warum sind unsere Städte auch heute noch Orte, die so deutlich um die Bedürfnisse des Autoverkehrs herum gestaltet sind? Um ein Naturgesetz handelt es sich offenbar nicht. Auch wenn selbst gegen kleinste Eingriffe starker Gegenwind aufkommt, sollten die Stadtplaner:innen nicht so leicht einknicken.

Die folgenden Vorschläge für eine lebensfreundliche Innenstadt erheben keinen Anspruch auf Originalität oder Vollständigkeit, sie sind nur ein Aufschlag zum Weiterdenken.

Ziel ist eine autofreie Innenstadt, die Fußgängern und Radfahrern ausreichenden Raum bietet. Zugänge für Einsatzkräfte und elektrifiziertem Klein-ÖPNV sind obligatorisch, motorisierter Lieferverkehr kann übergangsweise geduldet werden, bis ein umfassendes Logistiksystem aufgebaut wird, mit Zentren an der Innenstadtperipherie und Lastenradverkehr für die „letzte Meile" im Innenbereich. Nebenstraßen in der Innenstadt werden entsiegelt, verengt, und mit versickerungsfähigem Pflaster neubelegt. Auf den verbleibenden asphaltierten Innenstadtstraßen werden Fahrradstreifen ausgewiesen, Fußgänger, Radfahrer und Rollstuhlfahrer haben Vorfahrt, die Geschwindigkeit des motorisierten Verkehrs wird auf 20 Kilometer/Stunde begrenzt. Der öffentliche Raum wird großzügig bepflanzt, Hausneu- und -umbauten müssen dachbegrünt werden. Damit die Innenstädte Publikumsverkehr anziehen, sind verschiedene Gestaltungsmaßnahmen zu treffen: Parkanlagen mit Freizeit und Spielmöglichkeiten, Hotels und Restaurants, Bäckereien, Cafés, kleine spezialisierte Fachgeschäfte, u. v. a. Es sollten finanzielle Anreize für bevorzugte Geschäftsansiedlungen geschaffen werden, um eine einseitige Ansiedlung von Nagelstudios, Barbershops, und ähnlichen weniger günstigen Betrieben zu vermeiden. Die Innenstädte sollten bedarfsgerecht optimal ausgeleuchtet sein.

Wichtig ist auch die Gestaltung des Grenzbereichs zwischen Innenstadt und Peripherie. Hier sind Parkhäuser (unter der Erde) vorzusehen mit Einkaufs- und Wechselmöglichkeiten in den ÖPNV sowie die genannten Logistikzentren als Umschlagplätze für den Lieferverkehr in die Innenstadt. Anwohner der Innenstadt parken ihre Fahrzeuge ebenfalls in den Parkhäusern an der Peripherie.

Israel – heute und morgen

Viermal habe ich bisher Israel besucht. Zum Programm gehörten immer Jerusalem, mit Altstadt und dem auch an Schabbat geöffneten Restaurant YMCA – direkt gegenüber dem King David Hotel, und Yad Vashem, die israelische Holocaust-Gedenkstätte, deren Name Yad = Denkmal und Shem = Name, also Denkmal und Name bedeutet. Bei einem der Besuche sind meine Frau und ich in das Westjordanland gefahren, davon dreimal nach Ramallah, dem Sitz der palästinensischen Autonomiebehörde, und einmal sind wir über Ramallah bis nach Dschenin/Jenin im Norden gelangt. Die Fahrten nach Ramallah starteten immer am Busbahnhof nördlich des Damaskustors auf Ostjerusalemer Seite. Auf dem Hinweg der Bustour gab es keine Besonderheiten, abgesehen von der Mauer, die die Gebiete trennte und mit ihrer Höhe von teilweise acht Metern mehr als doppelt so hoch war wie die ehemalige Berliner Mauer. Auf dem Rückweg nach Ostjerusalem hielt der Bus am Grenzpunkt Qalandia. Die palästinensischen Fahrgäste mussten aussteigen und sich zu Fuß zum Kontrollpunkt begeben, wo sie und ihre Habe inspiziert wurden. Meine Frau und ich verblieben dann als einzige Fahrgäste im Bus, als zwei israelische Soldaten auch den Bus kontrollierten und sich unsere Pässe zeigen ließen. Nachdem der Bus den Grenzpunkt überquert hatte, konnten die palästinensischen Fahrgäste wieder zusteigen ...

Von Jenin aus, wo wir in einem ehemaligen Freizeitpark die einzigen Gäste waren, traten wir die Rückfahrt nach Tel Aviv an. Diese gestaltete sich so, dass wir einen palästinensischen Taxifahrer bestellten, der zusammen mit einem israelischen Kollegen eine Zweiphasen-Fahrt organisierte. Zunächst fuhren wir mit dem palästinensischen Taxi zu einem grenznahen Ort, an dem uns dann nach kurzem Aufenthalt das israelische Taxi in Empfang nahm und nach Israel brachte. Der Grund für diese gut organisierte, aber etwas umständliche Prozedur liegt daran, dass israelische Fahrzeuge das Westjordanland befahren dürfen, was umgekehrt aber nicht für palästinensische Fahrzeuge und Israel gilt.

Wenn man aktuell (2024) über Israel spricht oder schreibt, kommt man am Massaker vom 7. Oktober 2023 und dem nachfolgenden Krieg in Gaza nicht vorbei. Für viele Israelis begann am 7. Oktober 2023 eine neue Zeitrechnung. Die bestialischen Morde der Hamas und die Entführungen haben die Zuversicht, dass Israel ein sicherer Ort für seine Bewohner, vor allem für Juden und Jüdinnen, ist, nachhaltig erschüttert. Vielfach war von einem zweiten Holocaust die Rede. Der nach der Terrortat durch die israelische Armee begonnene Gazakrieg, der mit dem Ziel der Befreiung der Geiseln und der Vernichtung der Hamas angekündigt wurde, hat sich zu einer humanitären Katastrophe für die Bevölkerung im Gazastreifen entwickelt. Die Kranken- und Verletztenversorgung ist zusammengebrochen, Wasser, Lebensmittel und benötigte Arzneien kommen, wenn überhaupt, nur in völlig unzureichenden Mengen in den Küstenstreifen. Es ist völlig unklar, wie der Krieg beendet werden kann, wie es mit Gaza nach Ende des Krieges weitergehen soll, und vor allem: Kann es nach dem Massaker und dem Krieg eine Perspektive für dauerhaften Frieden in der Region geben?

Bereits vor dem 7. Oktober und seinen Folgen waren die Aussichten auf eine friedliche Entwicklung in Israel und Palästina düster. Der israelische Ministerpräsident Netanjahu, seit 1996 bereits zum dritten Mal im Amt, scheint mit seiner Politik ausschließlich seine eigenen Interessen zu verfolgen. Einer drohenden Verurteilung wegen Korruption und Vorteilsnahme entgeht er bisher nur in seiner Eigenschaft als Ministerpräsident. Unter seiner Regentschaft wurde der Siedlungsbau im Westjordanland massiv vorangetrieben. Sein ultrarechtes Kabinett, dem auch verurteilte Minister angehören, versucht, eine Justizreform umzusetzen, die die Justiz zugunsten des Parlaments entmachten soll, was den Protest Hunderttausender Israelis nach sich gezogen hat. Blickt man auf die palästinensische Seite, ist unklar, wer überhaupt authentisch für die Bevölkerung im Westjordanland und in Gaza sprechen könnte. Mahmud Abbas, Vorsitzender der palästinensischen Befreiungsorganisation (PLO), ist seit 2005 Präsident der palästinensischen Autonomiebehörde, seit 2009 ohne demokratische Legitimierung durch Wahlen. Und die Terrororganisation Hamas, die den Staat Israel beseitigen möchte, kommt als ernsthafter Verhandlungspartner für Gespräche über eine dauerhafte friedliche Lösung in Israel/Palästina kaum in Betracht, trotz beachtlichem Rückhalts in der Bevölkerung.

Obwohl von der Regierung Netanjahu abgelehnt, wird von westlicher Seite in schöner Regelmäßigkeit die sogenannte *Zweistaatenlösung* für das Gebiet in die Diskussion gebracht. Dabei hätte eine solche Lösung, die einen palästinensischen Staat in Westjordanland und Gaza befürwortet, mit mindestens drei Problemen zu kämpfen: der Grenzverlauf zwischen den Staaten ist ungeklärt – die völkerrechtlich verbindliche Linie des Waffenstillstands von 1949 (die „Grüne Linie") ist von israelischer Seite durch Sperranlagen teilweise deutlich in das Westjordanland hinein verschoben worden; der Ostteil Jerusalems wird von beiden Seiten beansprucht; vor allem aber stehen die rund 700.000 Siedler in Westjordanland und Ostjerusalem sowie die militärische Besatzung im Palästinensergebiet einer souveränen palästinensischen Staatlichkeit im Wege. Selbst wenn man für die Themen Grenzverlauf und Ostjerusalem eine Lösung finden und Israel sein Militär aus dem Westjordanland abziehen würde – Letzteres vermutlich nur um den Preis einer noch hermetischeren Absicherung der Grenze zwischen den Staaten –, es ist völlig undenkbar, dass die israelischen Siedlungen geräumt und den Palästinensern überlassen würden. Das zeigt die Erfahrung mit der Räumung von Gaza und seinen etwa 9.000 Siedlern im Jahr 2005, der in Israel zu heftigen Unruhen führte.

Was bleibt als Lösung für Nahost in ferner Zukunft? Meines Erachtens kann man nur die Vision des Philosophen Omri Boehm teilen. In seinem Buch „Israel – eine Utopie"[24] skizziert er eine „Republik Haifa", in der zwei souveräne Staaten eine binationale Föderation mit einer gemeinsamen Verfassung eingehen. In den beiden Staaten werden die beiden Völker, die Juden und die Palästinenser, ihre jeweilige nationale und kulturelle Selbstbestimmung ausüben. Zwischen den Staaten werden die Grenzen offen sein, es gilt Freizügigkeit für Personen und Handel. Die militärische Besatzung von Westjordanland und Gaza werden beendet. Das Wahlrecht gilt für die jeweiligen Staatsbürger in ihrem Staat, unabhängig von ihrem Wohnort. West-Jerusalem wird Hauptstadt Israels, Ost-Jerusalem Hauptstadt Palästinas sein. Es gibt einen gemeinsamen Gerichtshof und Lenkungsausschüsse, die paritätisch besetzt sind.

So utopisch aus heutiger Sicht die Vision Boehms erscheinen mag, noch dazu nach den Geschehnissen im

---

[24] Berlin 2020.

Zusammenhang mit dem 7. Oktober, sie stellt meines Erachtens den einzig gangbaren Weg dar, die völlig verfahrene Situation in Nahost perspektivisch zu befrieden. Man darf nicht naiv sein. Es gibt starke Kräfte, die auch eine solche Lösung einer binationalen Föderation bekämpfen werden. Allen voran Israels „Erbfeind" Iran, und natürlich die jetzige israelische Regierung. Letztere kann (und muss) abgewählt werden. Die Eindämmung der aggressiven Politik Irans ist Aufgabe der internationalen Völkergemeinschaft. Letztlich muss von israelischer Seite die Bereitschaft da sein, dem binationalen Weg wenigstens offen gegenüber zu stehen. Wird es dazu kommen?

Es gibt noch einen handfesten Grund, warum die Idee der binationalen Föderation aus heutiger Sicht zwar sehr fern anmutet, aber letztlich zwingend notwendig ist: Der verfasste Charakter Israels als *jüdischer* Staat. Es mag naheliegend erscheinen, dass sich Israel – vor dem Hintergrund von Holocaust und Geschichte des Judentums in der Diaspora – als Staat der Juden versteht. Allerdings birgt dieses Verständnis ein signifikantes Demokratiedefizit in sich: ein Staat, der sich über die Ethnie der Mehrheit seiner Bürgerinnen und Bürger definiert, läuft Gefahr, die Rechte der Staatsbürger:innen anderer Ethnien zu vernachlässigen. Konkret betrifft dies in Israel vor allem die arabische Bevölkerung. Durch das Nationalstaatsgesetz von 2018 wird Israel als „der Nationalstaat des jüdischen Volkes, in dem es sein natürliches, kulturelles, historisches und religiöses Recht auf Selbstbestimmung ausübt"[25], definiert. Der rund 20 Prozent ausmachende arabische Bevölkerung

---

[25] Quelle: Stiftung Wissenschaft und Politik, Berlin 2018.

Israels wird damit eine Staatsbürgerschaft zweiter Klasse verordnet. Der antidemokratischen Implikation dieser Gesetzgebung kann tatsächlich wirksam nur begegnet werden, wenn es einen gleichgestellten (arabischen) palästinensischen Staat gibt, der zusammen mit Israel eine Konföderation bildet, die auf personelle Freizügigkeit für beide Ethnien gegründet ist.

Sind die vorangehenden Überlegungen antisemitisch? Sicher nicht, denn sie stellen das grundsätzliche Existenzrecht Israels nicht in Frage, sondern lediglich die momentane friedensverhindernde Verfasstheit des sich als ethnisch definierenden Staates. Es gibt zahlreiche jüdische Stimmen, die erkennen, dass die sogenannte Zweistaaten-Lösung „tot" ist und nur ein binationaler Ansatz langfristig eine Friedensperspektive eröffnet. Zu diesen Stimmen gehören Omri Boehm (siehe oben), aber auch der Historiker Shlomo Sand[26], der insgesamt eine noch sehr viel kritischere Position zu Israel und seiner Geschichte einnimmt. Wenn ich ihn nicht falsch interpretiere, hat sich auch kürzlich der deutsch-jüdische Historiker Michael Wolffsohn für eine ähnliche Vision für Israel im *Deutschlandfunk* ausgesprochen.

IT-Beratung

IT-Beratung beschäftigt sich mit der Beratung von Anwenderunternehmen bezüglich der Architektur, der

---

[26] Lesenswert: Shlomo Sand, Warum ich aufhöre, Jude zu sein. Ein israelischer Standpunkt, Berlin 2013.

Gestaltung und dem Betrieb ihrer Informationssysteme. Ist man in diesem Metier tätig, ist es empfehlenswert, dies freiberuflich zu tun. Die angestellte IT-Beratung verursacht Stress und ist dazu noch schlechter bezahlt. Das funktioniert nämlich in aller Regel so: Zunächst wird man einem Kundenprojekt zugeteilt. Egal, wie lange man bei diesem dann tätig ist, es ist immer ein Fulltime Job. Zusätzlich erhält man – ganz „freiwillig", man möchte den/die Vorgesetzten ja nicht verärgern – noch ein oder mehrere Sonderaufgaben, die nicht nur die Wochenenden ausfüllen, sondern auch die anderen Tage, an denen ja das Kundenprojekt Aufmerksamkeit verlangt. Am Ende läuft weder die Arbeit am Projekt noch an den Sonderaufgaben besonders gut. Wenn man Pech hat, wechselt man dann in ein anderes Kundenprojekt und erhält neue Sonderaufgaben. Wenn es gut läuft, wechselt man die Firma oder macht sich selbstständig ...

... was ich, nach zu vielen Jahren in abhängig beschäftigter Beratertätigkeit dann letztlich auch getan habe.

J

Jerusalem

Jerusalem ist die faszinierendste Stadt, die ich kenne. Mit knapp einer Million Einwohnern etwa nur so groß wie Köln, gehört Jerusalem nicht zu den ganz großen Weltstädten, ist aber selbstredend allein wegen seiner Geschichte eine ganz bedeutende Stadt. Jerusalem liegt auf einem Plateau in den judäischen Bergen etwa 750 m hoch über dem Meeresspiegel, sodass es dort Winter gibt, die mit Schnee einhergehen. Die Altstadt mit einer Fläche von etwa einem Quadratkilometer ist in vier Viertel unterschiedlicher Größe geteilt. Das muslimische Viertel im Osten ist das größte, jüdisches und christliches Viertel sind kleiner, das armenische Viertel ist das kleinste. Mitten durch die Altstadt verläuft die Grenze zwischen West- und Ost-Jerusalem. Das Muslimische Viertel und der zwischen diesem und dem jüdischen Viertel gelegene Tempelberg gehören zum Ostteil, die anderen Viertel zum Westteil der Stadt. Zugang zur Altstadt erhält man vor allem über die bekannteren Tore, Jaffa-Tor im Westen, Löwen-Tor im Osten, Damaskus-Tor im Norden.

*Es war ein Freitag um die Mittagszeit in Jerusalem. Meine
Frau und ich machten eine Pause direkt vor dem Löwentor
im Osten der Altstadt. Es war recht heiß (Sommer 2012), so
dass es sich im Schatten des Tores etwas besser aushalten
ließ. Plötzlich wurde es laut um uns herum. Auf zwei
Wegen, von Norden und Osten, strömte eine kaum über-
schaubare Menge von Menschen, Männer, Frauen, Kinder
zum Tor und liefen recht zügig weiter in die Altstadt. Endlich begriffen wir Touristen: Es ist Freitagsgebet, und alle
Muslime gehen in die Al-Aksa-Moschee auf dem Tempelberg.*

*Am darauffolgenden Tag, dem Sabbat, waren es dann
die orthodoxen und ultraorthodoxen Juden, vor allem aus
dem Stadtteil Me'a She'arim, die zum Sonnenuntergang
über die Straße Hanevi'im die Tramlinie auf der Hel
Hahandasa überquerten und über Damaskus-Tor und
muslimischem Viertel zur Klagemauer zum Schabbes-Gebet
strebten.*

Jesus

Jesus (Jeschua ben Josef – Sohn des Josef) war ein Wander-
prediger aus Nazareth in Galiläa. Er war Jude unter Juden,
verstand sich nicht als Religionsgründer, nicht als Messias,
schon gar nicht als Gottes Sohn. Er war als Mensch so fehl-
bar wie alle Menschen. Sein größter Irrtum war die Prog-
nose, dass das Reich Gottes unmittelbar bevorstünde. Fast
alle Christen warten heute noch auf dieses Reich, nur die

Führungskader der katholischen Kirche nicht, denn dann wären sie ja überflüssig.

Judentum

Judentum ist Religion, Kultur und Schicksalsgemeinschaft, kurzum: *Identität*. So kritisch ich dem Begriff Identität gegenüber bin, so sehr trifft er auf Jüdinnen und Juden zu. Schicksalsgemeinschaft: Es dürfte nur ganz wenige Jüdinnen und Juden auf der Welt geben, die keine familiären Opfer aus der Shoa zu beklagen haben. Die Shoa ist ein verbindendes Element im Judentum, die Erinnerung daran wird bleiben, so wie das „ewige" Feuer in Yad Vashem brennen wird.

Identitäten entstehen aus einer Kombination aus Eigen- und Fremdzuschreibungen (vgl. hierzu den Text zum Stichwort „Identität"). Die meisten Fremdzuschreibungen, die jüdischen Menschen zugedacht werden, sind antisemitisch, selbst wenn sie vermeintlich wohlwollend daherkommen („Juden sind sehr belesen ..."). Wenn immer sich in der langen Geschichte des Judentums jüdische Menschen haben christlich taufen lassen, blieben sie im Ansehen ihrer nicht-jüdischen Mitbürger immer noch jüdisch. Und eine jüdische Assimilation an die Gebräuche und Gewohnheiten der Mehrheitsgesellschaften waren immer nachteilig für die Juden. Besonders schmerzlich haben das die deutschen Juden zum Ende der Weimarer Republik spüren müssen. Dass sie Chanukka *und* Weihachten feierten, dass sie in Vereinen und Parteien engagiert waren, dass sie vielleicht genauso säkular waren wie ihre nichtjüdischen Freunde und Bekannten, all dies nützte ihnen wenig am Anbruch von „Dunkeldeutschland".

Treffend beschreibt Ludwig Börne (1786 – 1837) nach Konversion zum Christentum und Namensänderung 1832: „Die einen werfen mir vor, dass ich ein Jude bin, die anderen verzeihen es mir, der dritte lobt mich gar dafür, *aber alle denken daran*. Sie sind wie gebannt in diesem Judenkreis. *Es kann keiner hinaus*."[27] Dieses „keiner kann hinaus" ist eine Erfahrung, die auch heute viele Jüdinnen und Juden machen.

Es bleibt zu hoffen, dass der nach dem 7. Oktober 2023 und dem Gazakrieg Israels noch stärker aufkeimende Antisemitismus nicht dazu führt, dass Jüdinnen und Juden in aller Welt sich einigeln („wir können und nur auf uns selbst verlassen"), sondern dass sie weiterhin als Staatsbürgerinnen und Staatsbürger in vielen Ländern der Welt offen für Austausch und Diskurs bleiben. So, wie auch zu hoffen ist, dass die nichtjüdischen Mehrheitsgesellschaften in aller Welt genauso offen für Austausch und Diskurs gegenüber Jüdinnen und Juden wie auch gegenüber *allen* Minderheiten sind bzw. werden.

---

[27] Ludwig Börne, 74. Brief aus Paris vom 7. Februar 1832, in: ders., Briefe aus Paris, Auswahl von Manfred Schneider, Stuttgart 1977, S. 146, hier zitiert nach: Carolin Emcke, Kollektive Identitäten, Frankfurt am Main 2018 [Hervorhebungen; CC].

Kapitalismus, die Krake

Der Kapitalismus beruht letztlich auf einem einzigen über-
wölbenden Prinzip: Nimm dir mehr, als du zurückgibst.
(Jason Hickel)

Der Kapitalismus ist ein Krake, der alle gesellschaftlichen
Bereiche, auch im wohlhabenden „Norden", durchdringt –
wenn man ihn denn lässt, ... und man lässt ihn. Gesund-
heits- und Pflegebereich können als prototypisches und
abschreckendes Beispiel gelten. Pflegekräfte sind rar, weil
man ihnen eine der Schwere der Arbeit angemessene Ent-
lohnung verweigert.

Im Gesundheitssystem, in dem nach Ansicht der meisten Fachleute ohnehin zu viel Geld, und daran gemessen, zu
wenig Qualität steckt, ist seit Jahren ein Trend festzustellen,
in dem private Geldgeber Praxisketten und sogenannte
medizinische Versorgungszentren (MVZ) gründen bzw.
kaufen, und in denen das medizinische Personal angestellt
arbeitet. Diese fachfremden „Private-Equity-Investoren"

133

sind nur am Profit orientiert, was sich nachteilig auf die Qualität der Patientenversorgung auswirkt.

Ein ganz anderer Bereich, der aber ebenfalls zu unseren Lebensgrundlagen zählt, ist die Wasserversorgung. Mir ist seit langem völlig unklar, wie es sein kann, dass private Unternehmen mit Wasser, dass als Lebensmittel unverzichtbar ist und uns als Gesellschaft und damit praktisch allen gehört, Geld verdienen können. Das gilt nicht nur für die „Hersteller" von Flaschenwasser, die Quellwasser aus eigenen Brunnen entnehmen und verkaufen, sondern auch für lokale und regionale Wasserversorger, die zunehmend für global tätige Investoren interessant werden.

Ich fürchte, dass wir bald auch für „reine" Luft an private Unternehmen und ihre geldgebenden „Heuschrecken" einen stetig steigenden Obolus entrichten müssen ...

Global betrachtet, ist der Kapitalismus aber ein noch schlimmeres Übel. Im Grunde ist er der Sargnagel für die Lebensgrundlagen auf unserem Planeten. Wer es nicht glauben möchte, sollte Jason Hickels Buch „Weniger ist mehr"[28] zur Hand nehmen. Der Grund liegt darin, dass Kapitalismus auf Wachstum beruht. Dieses Wachstum ist aber nicht als gelegentliches, sondern als stetiges, ergo unendliches Wachstum angelegt. Das verlangen diejenigen, die Kapital investieren, die global agierenden Investoren der Finanzmärkte. Aber unendliches Wachstum auf einem Planeten mit endlichen Ressourcen ist eine logische Unmöglichkeit. Eine aktuelle Entwicklung verdeutlicht den Zusammenhang zwischen Kapitalismus und Zerstörung der

---

[28] Quellenangabe unter dem Stichwort „Wachstum" im Buch.

Lebensgrundlagen: der beginnende *Tiefseebergbau*. Es gibt zwar derzeit einige Staaten, die für ein Moratorium plädieren, bis verlässliche Ergebnisse wissenschaftlicher Prüfungen vorliegen, andere aber sind bereits kurz vor dem Einstieg in die Ausbeutung der auf dem Meeresgrund vermuteten Rohstoffe. Trotz Protesten startet Norwegen, als erstes Land in Europa mit dem Rohstoffabbau in der Arktis. Andere Länder werden folgen, China steht bereits in den Startlöchern. Der Tiefseebergbau hat ungeahnte Folgen für Meerwasser und Meeresfauna. Unter anderem vermutet man in der Tiefsee zahllose Arten, die aussterben werden, bevor sie entdeckt werden können. Ein weltweiter, von allen Industrie- und Schwellenländern praktizierter Tiefseebergbau in Verbindung mit der fortschreitenden Überwärmung wird die Meere und damit die Lebensgrundlagen auf unserem Planeten vermutlich unwiederbringlich zerstören.

Falls nun jemand glaubt, dies ließe sich noch durch Übereinkünfte der agierenden Länder verhindern: Dies wäre der erste und vermutlich einzige Fall, dass sich der Kapitalismus in Grenzen zwingen ließe. Es ist eine unrealistische Hoffnung. Der Kapitalismus, die Krake – sorry, liebe lebende Kraken! – wird sich in seinem Lauf nicht behindern lassen, so wie es die berühmte Metapher vom Kamel und dem Nadelöhr ausdrückt: „Eher geht ein Kamel durchs Nadelöhr, ...“

Kelkheim

Kelkheim ist eine kleine Stadt im Main-Taunus-Kreis. Dort habe ich den größten Teil meiner Kindheit und Jugend verbracht. Wir wohnten zur Miete in einer bürgerlichen Wohnsiedlung neben der Bahnlinie Frankfurt – Königstein. Nach Ende der Grundschule bin ich dann regelmäßig mit der „Frankfurter Kleinbahn" nach Frankfurt-Höchst gefahren, um dort die Leibnizschule (Gymnasium für Jungen) zu besuchen. Kelkheim war recht cool – allerdings war die Stadt schon bereits zu meiner Jugendzeit CDU-lastig, was mich allerdings damals noch nicht interessiert hatte. Dass coole an Kelkheim war, dass es einerseits für den täglichen Bedarf alles in Fußnähe zu erstehen gab, andererseits war es ländlich genug, so dass man sehr schnell in Wald und Wiese gelangte. Der Freizeitwert war in der damaligen, noch nicht von Smartphones und Social Media verseuchten Zeit, sehr hoch. Auch gab es Gelegenheit für allerlei private Experimente mit Böllern und Knallkörpern, mit Schwefel-wasserstoff, den man in die Schule mitnehmen konnte und Schießbaumwolle – eine allerdings nicht gelungene Synthese.

Alles in allem war es eine recht unbeschwerte Kindheit und Jugend, zumal, wenn man aushäusig unterwegs war und nicht in der „Bude" hocken musste ...

Kelly, Petra

Petra Kelly (1947 – 1992) war Mitgründerin der Partei *Die Grünen*. Sie setzte sich in ihrem recht kurzen und tragisch verlaufenen Leben für alles ein, was wichtig ist. Den „Alternativen Friedenspreis" (*Right Livelihood Award*) erhielt sie 1982 für ihren Einsatz für Frieden und Ökologie, Abrüstung, soziale Gerechtigkeit und Menschenrechte. Würde sie heute noch leben, wäre sie sicher nicht mehr Mitglied bei den Grünen; zu sehr hat sich die Partei von ihren einstigen Zielen und Grundsätzen entfernt. Petra Kelly fehlt heute mehr denn je ...

Kirche, Kirchen

Was Jesus verkündete, war das Reich Gottes ...
und was kam, war die Kirche[29]

Es gibt wunderschöne Kirchen. Speyerer Dom und Dresdner Frauenkirche sind zwei Beispiele von vielen. Alle schönen Kirchen sollten erhalten werden. Die Kirchen als Institutionen können solchen Bestandsschutz nicht in Anspruch nehmen ...

   Es mutet schon erstaunlich an, dass das Christentum als einzige Weltreligion eine Institution wie die Kirche hervorgebracht hat. Die Kirche (die Kirchen) in ihrer heutigen

---

[29] Der Theologe Alfred Loisy; hier zitiert nach: Karlheinz
     Deschner, Der gefälschte Glaube, Hamburg 1988.

137

Form ist (sind) eine Mischung aus Zufällen und Macht-kalkül. Denn wäre das Christentum im 4. Jahrhundert nicht Staatsreligion im Römischen Reich geworden, gäbe es ver-mutlich die Kirchen nicht. Dabei hatte alles ganz beschei-den angefangen. Von der Urgemeinde in Jerusalem, über die Gemeindegründungen im heutigen Syrien, bis zum Zusammenschluss der Einzelgemeinden in Rom sowie der Festlegung der für alle verbindlichen Vorschriften, u. a. zum Kanon des Neuen Testaments, zur Taufe und zum Bischofsamt, konnte von einer Kirche noch keine Rede sein. Die Kirche, wie wir sie kennen, ihre monarchische Organisation, mit dem Papst an der Spitze, seiner „Unfehl-barkeit" in Glaubensfragen, den Kardinälen und Bischöfen mit ihren lustigen Kaseln und Mitren, die strenge Trennung von Klerus und Laien, all dies kam später, und nichts davon findet eine Begründung in der Bibel, auch wenn die Kir-chen dies hartnäckig behaupten. Von einer evangelischen Kirche kann man im Grunde nicht sprechen, es gibt zu viele davon, nicht nur weltweit, auch in Deutschland.

Es ist praktisch unmöglich, nach dem Skandal um sexualisierte Gewalt in den Kirchen und deren Umgang (bzw. Nichtumgang) mit dem Thema noch an der Insti-tution Kirche ein gutes Haar zu lassen. Ganz zu schweigen von der immer noch engen Verbindung von Staat und Kirche gerade in Deutschland; vgl. die Texte zu den Stich-worten „Religionsunterricht" und „Staatsleistungen".

Nein, die Kirchen als Institutionen haben im aufgeklär-ten, säkularen, demokratischen Rechtsstaat, der sich auf die Menschenwürde beruft, ihre Daseinsberechtigung verwirkt. Wenn der Staat sie auch nicht verbieten kann, könnte er dennoch wenigstens darauf hinwirken, dass die Kirchen sich als Vereine nach dem Vereinsrecht neu gründen und ihre Angelegenheiten losgelöst von staatlicher Förderung vereinsgemäß selbst regeln.

Die Klimakrise ... ist anders

Seit mehr als einem Jahr fahre ich ein E-Auto – E, wie Elektro, man könnte auch E, wie experimentell sagen. Der kleine Fiat 500 ist ein wirklich gutes Stadtauto, allerdings für längere Strecken und vor allem längere Autobahnfahrten nicht sehr geeignet, aber das ist zurzeit zweitrangig. Laden kann ich glücklicherweise zuhause in der Tiefgarage, nachdem sich unsere Hausverwaltung bereit erklärt hat, mir das Verlegen(lassen) einer Starkstromsteckdose zu gestatten, und an dieser hängt nun eine Wallbox, die das Laden sehr angenehm macht.

Neulich, nach einer etwas längeren Autobahnfahrt, bei der ich auch erstmalig das Laden an einer Schnellladesäule erproben konnte, kam mir der Gedanke, wie schön es ist, dass man sich den penetranten Benzin- und Dieselgeruch einer Fossiltankstelle nun auf Dauer ersparen kann. Das ist schon ein echter Gewinn, als Gewinn an Lebensqualität durchaus nicht übertrieben charakterisiert.

Und dann dachte ich an die USA und die vielen ländlichen Gebiete dort, in denen Autofahren gerade in seiner fossilen Variante eine ganz andere Bedeutung hat als bei uns. Und ich stellte mir eine Tankstelle irgendwo im nowhere in New Mexico vor, wo allein der Geruch des fossilen Brennstoffs schon Glücksmomente bei den Tankenden auslöst. Ein Klischee? Vielleicht. Aber, dennoch: what a difference! Und: what a long way to go from now!

Der menschengemachte Klimawandel ist eine wissenschaftlich gut begründete Tatsache. Und wenn man vom Klimawandel spricht, muss man zwei weitere Problembereiche immer mitdenken: Umweltverschmutzung und Artensterben. Klima, Umwelt und Artenvielfalt bilden einen Dreiklang, der durch unsere Lebensweise ernsthaft bedroht ist und dadurch wiederum negativ auf diese zurückwirkt. Dürren, Überschwemmungen, Korallenbleiche, Insektensterben, Elektronikschrott, Plastikteppiche in den Weltmeeren, neuerdings der Tiefseebergbau sind hierzu ein paar wohlbekannte Stichworte unter vielen anderen.

Ebenfalls bekannt ist der Umstand, dass die größten Verursacher nicht die größten Lasten der negativen Auswirkungen des Klimawandels zu tragen haben, sondern die, die zu diesem Geschehen am wenigsten beitragen bzw. beigetragen haben. Dies gilt sowohl im Staatenvergleich als auch auf Ebene von Einzelpersonen und Haushalten. Einkommensstarke Haushalte (in Deutschland) verursachen annähernd doppelt so viele Treibhausgasemissionen als Haushalte mit geringem Einkommen.[30] Analog dazu die Situation im Staatenvergleich: Der „globale Norden" verursacht ein Mehrfaches an Treibhausgasemissionen als der „globale Süden".

Was nun macht den Klimawandel als „Klimakrise" im „Konzert" der Vielfachkrisen unserer Zeit so anders? Hier gibt es meines Erachtens vor allem vier Gründe, die zu bedenken sind:

Zunächst unterscheidet sich die Klimakrise von anderen Krisen dadurch, dass selbst ein *optimales Handeln* der Menschen nicht sofort zu einer spürbaren Verbesserung

---

[30] Quelle: DIW Berlin – Deutsches Institut für Wirtschaftsforschung e.V., Berlin.

führte. Ganz im Gegenteil. Würden wir theoretisch im globalen Maßstab sofort alle Treibhausgasemissionen auf null reduzieren – natürlich ein völlig illusorisches Ziel –, würden die in der Atmosphäre verbliebenden Treibhausgase noch auf viele Jahre zu einem Anstieg der globalen Erwärmung führen. Dies unterscheidet die Klimakrise z.B. von einem Krieg wie dem in der Ukraine. Denn bei diesem kann man sich ein optimales Handeln der Beteiligten nur als sofortige Einstellung aller Kriegshandlungen denken. Selbst bei einer Krise wie der Corona-Pandemie ist ein Handeln vorstellbar, dass die Krise innerhalb kürzester Zeit beenden würde. Das optimale Handeln bestünde in dem theoretisch möglichen, aber selbstverständlich ebenfalls illusorischen Verzicht auf jede Form zwischenmenschlicher Kontakte. Der idealisierte Krisenvergleich soll hier nur verdeutlichen, dass wir es bei der Klimakrise mit einem anders gearteten „Kaliber" zu tun haben.

Ein weiterer Grund für die Andersartigkeit der Klimakrise ist den großen Beharrungskräften in der Gesellschaft zuzuschreiben, die jegliche Form von Prozess- und Verhaltensanpassungen ablehnen. Unterstützung finden die Veränderungsresistenten in der Politik, die seit vielen Jahren eine für den Einzelnen und die Gesellschaft als Ganze vollkommen „schmerzfreie" Klimatherapie für möglich erachtet, eine böse Illusion!

Und die Politik – hier ist jetzt speziell die deutsche gemeint – hat sich noch anderer Unterlassungen schuldig gemacht. Der Katalog reicht von der Unfähigkeit, soziale Lasten gezielt dort auszugleichen, wo sie am größten sind, bis hin zu aktuellen Versprechungen in der Migrationspolitik (vgl. den Text zum Stichwort „Migration"), die nicht erfüllbar sind. Diese politischen Unzulänglichkeiten haben dazu geführt, dass eine Vielzahl von Menschen Klimapolitik nicht (mehr) als prioritär ansieht und das Interesse an diesem Thema zugunsten anderer vermeintlich vordringlicherer Probleme verliert.

Und da die Klimakrise nur *ein* Element in einer Polykrise darstellt – vierter Grund –, tritt bei den Menschen zusätzlich eine deutliche Krisenermüdung ein.

Es gibt noch einige weitere Gründe, die anzuführen wären, die ich hier nur kursorisch aufzähle: eine gefühlte Selbstunwirksamkeit in Klimafragen („Was kann ich als Einzelner schon bewirken?"), das Abschieben von Verantwortung („Andere haben einen viel größeren CO_2-Fußabdruck!"), und im Ländervergleich: „Deutschland ist nur für 2 Prozent der globalen Treibhausemissionen verantwortlich", usw., usf.

Die genannten Gründe geben der Klimakrise ihr spezifisches „Gesicht", das sie von anderen Krisen abhebt. Aber alle Gründe sind seit vielen Jahren wohlbekannt und auch gut untersucht. Ich möchte im Folgenden ein anderes Argument einbringen, dass das Klimathema von Seiten seiner *moralischen Dimension* angeht. Es zeigt, wie groß das Dilemma mit der Klimakrise ist. Auf die Idee hat mich die aktuelle Lektüre von Kant gebracht[31], und hier besonders sein kategorischer Imperativ: „Handle nur nach

---

[31] Lesenswert: Marcus Willaschek, Kant. Die Revolution des Denkens, München 2024.

derjenigen Maxime, durch die du zugleich wollen kannst, dass sie ein allgemeines Gesetz werde."

Das Argument, das zu einem Widerspruch führt und damit das Klimadilemma meines Erachtens gut auf den Punkt bringt, geht folgendermaßen:

- Ich (hier und im Weiteren stellvertretend für viele) weiß, dass ich in einem Land lebe, das über ein hohes Wohlstandsniveau verfügt. Das Wohlstandsniveau meines Landes sowie mein eigener Wohlstand erlauben mir eine mich selbst verwirklichende Lebensweise.

- (Jetzt kommt Kant:) Da ich selbst ein moralisch handelnder Mensch bin, *muss ich wollen*, dass es allen Menschen auf der Welt so geht wie mir, d.h., dass alle Menschen ihr Leben auf eine vergleichbare Art führen können wie ich.

- Es gibt allerdings einen klaren Zusammenhang zwischen meiner Lebensweise (meinem Wohlstand und dem Wohlstand in meinem Land) und dem Klimawandel dergestalt, dass meine Lebensweise (Mobilität, Wohnsituation, Nahrung, Luxusartikel, Urlaub, Freizeit, etc.) den Klimawandel befördert.

- Würden alle Menschen auf der Welt ihr Leben auf gleichartige Weise führen wie ich, müssten wir global über die Ressourcen von mindestens zwei Erden verfügen.

- Wenn ich also *wollen muss*, dass alle Menschen auf der Welt ihr Leben genauso führen können wie ich, würden die Ressourcen der Erde bei weitem nicht ausreichen.

- (Schluss, Widerspruch, Aporie:) Kann ich also wollen müssen, dass alle Menschen auf der Welt ihr Leben genauso führen können wie ich, oder kann ich das nicht?

Das Dilemma mit dem Klimawandel wird hier offensichtlich. Und es gibt dafür keine einfache Lösung. Insgesamt bin ich daher ausgesprochen pessimistisch, was die weitere diesbezügliche Entwicklung betrifft. Und wenn wir uns ansehen, wie bestimmte Themen in unserem Land diskutiert werden, hebt das auch nicht gerade die Hoffnung auf einen positiven „Klimawandel" bei der Krisenbewältigung: ein Tempolimit auf Autobahnen und Landstraßen, das praktisch alle europäischen Länder besitzen, in Verbindung mit Tempo 30 in Innenstädten, scheint in Autofahrer-Deutschland undenkbar (siehe auch den Text zum Stichwort „Autobahn"). Nach wie vor wird das „Einfamilienhaus auf dem Lande" als Idealvorstellung gepflegt. Und wenn dann das Häuschen abbezahlt ist, die Kinder fortgezogen sind und das Rentnerpaar sich auf 160 Quadratmetern langweilt, während sich eine junge Familie mit ihrer 60 Quadratmeter-Stadtwohnung nach einer größeren Wohnung sehnt, dann nennt die Politik schnell mal den jährlichen Neubau von 400.000 Wohnungen als (ohnehin nicht erreichbares) Ziel, anstatt intelligente flächenverbrauchsneutrale Lösungen zu entwickeln.

Gegen meinen Pessimismus arbeitet die Politik mit ihrer Überzeugung an, dass man mit „technischen Lösungen" die Klimakrise schon in den Griff bekommen wird. Leider fehlt mir auch hier der Glaube. Zwei wichtige Gesichtspunkte sprechen gegen einen zu großen Technik-Optimismus:

Zum einen stellt der wachsende Energiebedarf ein zunehmendes Problem dar. Vier Bereiche sind es, in denen wir es mit einem deutlichen Anstieg der Stromnachfrage zu tun haben: Da ist erst einmal die Elektromobilität mit ihrem Bedarf an privaten und öffentlichen Ladestationen. Weite Bereiche der Industrie stellen ihre Fertigung von Gas auf Elektrizität um. Die Wärmeerzeugung in privaten Haushalten sieht die Zukunft in der Wärmepumpe. Und dann besteht ein noch schwer zu kalkulierender Mehrbedarf an Strom für Rechenzentren, vor allem in Verbindung mit künstlicher Intelligenz und ihrem ganz außerordentlichen Stromhunger.

Zum zweiten ist die angestrebte Nachhaltigkeit, basierend auf einer Kreislaufökonomie, die genutzte Wertstoffe und Ressourcen wieder *vollständig* in den Kreislauf zurückgibt, schlicht nicht realisierbar. Es werden immer signifikant große Mengen an Ressourcen unwiederbringlich vernichtet werden. Man denke nur an hochkomplexe Produkte wie Computer und Smartphones samt deren teilweise „raffinierter" (sprich: aufwendiger Mehrmaterial-) Verpackungen.

Manchmal denke ich auch, dass wir angesichts der Klimakrise (und auch anderer Herausforderungen) das klare Denken vermeiden oder schlicht vergessen haben. Beispiel: Elektromobilität. Ist es denn vorstellbar, dass wir den

Planeten retten, wenn die Maxime weiterhin lautet: Jeder Mensch im fahrtüchtigen Alter soll ein Auto besitzen und dieses möglichst alle zwei bis drei Jahre gegen ein verbessertes Nachfolgemodell ersetzen. Und ein Haushalt mit drei oder vier Mitgliedern soll auch über eine ebenso große Zahl an Fahrzeugen verfügen. Ist es unter diesen Wohlstandsmaximen nicht völlig irrelevant, ob der Antrieb elektrisch oder mit fossiler Energie erfolgt?

Mit der *Wachstumsideologie* wäre ein weiteres Beispiel angefügt; dieses möchte ich aber unter dem gleichlautenden Stichwort näher betrachten.

Nein, ich bin und bleibe sehr pessimistisch ...

Kommunalpolitik

Von den zahlreichen Fehlern meines Lebens war die zeitweise Mitarbeit in der Kommunalpolitik einer der größeren. Man muss sich das schon besonders gut überlegen, ob man als Städter mit einer eher linken Grundhaltung in einem bäuerlich geprägten Dorf mit einer überbordenden Menge an konservativen Neubürgern, also in einem typischen CDU-/FWG-Dorf, wie es sie in Rheinland-Pfalz zuhauf gibt, im Gemeinderat mitwirken möchte. Aber das Bauchgefühl, an den Mehrheitsverhältnissen etwas ändern zu wollen und zu können, war stärker als die verstandesmäßige Ablehnung. So nahm das „Schicksal seinen Lauf", und führte uns nach dem unerfreulichen Ausgang unserer Inanspruchnahme des sogenannten „Einheimischenmodells" für den Grundstückserwerb zu einem Gerichtsurteil mit einer mittleren fünfstelligen Schadenssumme. Aber bereits der Einstieg im Gemeinderat war vielversprechend, bezeichnete mich doch der Fraktionsvorsitzende der CDU-Mehrheitsfraktion bei einer privaten Begegnung als „Brunnenvergifter", nachdem ich mir erlaubt hatte, in zwei Leserbriefen an die Lokalpresse die Politik der CDU-Bürgermeisterin zu kritisieren.

Apropos „Einheimischenmodell": Ich musste innerlich lachen (nicht aus Freude), als ich den aktuellen Vorschlag der Bundesbauministerin Geiwitz hörte. Schlägt sie die Forcierung dieses Modells, das preislich begünstigte Wohngrundstücke der Kommunen exklusiv für vor Ort Lebende zum Inhalt hat, doch tatsächlich als einen Lösungsansatz für

die Krise am Wohnungsmarkt vor. Dass das Umweltministerium nicht umgehend gegen Geiwitz' Intervention protestierte, ist verwunderlich, gibt es doch dort einige Studien,
die sich deutlich gegen die zunehmende Versiegelung und
den ungehemmten Bodenverbrauch im ländlichen Raum
aussprechen. Wie viel Landfläche wollen wir eigentlich
noch versiegeln? Es ist richtig, dass wir in Städten über verdichtete Bebauung sprechen und so auch planen und praktisch umsetzen. Es wäre allerdings auch richtig, dies im
ländlichen Raum genauso zu tun. Es wäre völlig falsch, auf
dem Lande mit dem traditionellen „Häuschen-im-
Grünen"-Ansatz so zu tun, als gebe es keine Klimakrise.
Und das Einheimischenmodell ist präzise auf genau diesen
Ansatz ausgerichtet. Aber das „Häuschen im Grünen" ist
tot; die Politik sollte den Mut haben, dies den Menschen
gegenüber endlich klar zu artikulieren!

Körper und Geist

Die Philosophen versuchen seit bald dreitausend Jahren,
das Geheimnis von Körper und Geist, oder, wie es früher
hieß, von Leib und Seele, zu enträtseln. Bis heute ist es
nicht gelungen, auch wenn die Neurowissenschaften seit
einigen Jahren so tun, als ob sie die Lösung im MRT
(Magnetresonanztomographie) gefunden hätten. Aber die
Neurowissenschaften sind hier auch nicht maßgeblich, da
sie für dieses philosophische Thema schlicht nicht zuständig bzw. nicht kompetent genug sind.

Was ist das Problem von Körper und Geist. Um es kurz zu definieren, dreht es sich um die zentralen Fragen: „Was ist der Geist in einer Welt, die von sinnlich wahrnehmbarer Materie geprägt ist?", „Was ist der Geist, eine Substanz, wie die Materie, ein Bündel von bestimmten fluiden Eigenschaften, oder etwas ganz anderes?", „Wie kommt der Geist in die Materie (den Körper)?", und schließlich auch „Wie ist es möglich, dass geistige Prozesse (z.B. mein Wille) Einfluss auf körperliche Dinge haben kann?"

Mich hat besonders die Frage „Wie kommt der Geist in die Materie (den Körper)?" in letzter Zeit besonders interessiert. Offenkundig ist es ja so, dass wir bei Geburt noch über recht wenige geistige (kognitive) Fähigkeiten verfügen. Diese bilden sich zunächst im Laufe der ersten Jahre mehr und mehr aus und sind etwa erst nach der Pubertät komplett. Auch das eigene Selbst als Träger unserer geistigen Prozesse ist zum Lebensbeginn noch nicht vorhanden und entwickelt sich erst bis etwa zum Ende des zweiten Lebensjahres. Und wenn wir unser geistiges Vermögen zum Lebensende in Augenschein nehmen, können wir zumindest vermuten, dass auch ohne manifeste Demenz unser Geist (und gegebenenfalls auch unser Ich?) langsam verschwindet, sich auflöst. Dann wäre es tatsächlich so, dass (kognitiver, selbstbewusster) Geist in die Materie unseres Körpers *hineinkommt* und daraus auch wieder *verschwindet*. *Wie* das im Einzelnen geschieht, ist unbekannt. Sicher ist, dass es für uns Menschen als „soziale Tiere" der sozialen Interaktionen bedarf, damit sich Geist bildet und formt. Eltern oder Bezugspersonen sprechen das Kind mit seinem Namen an, und das Kind spricht von sich selbst anfänglich in der dritten Person, mit dem ihm zugeschriebenen Namen, bis sich langsam das „Ich" der ersten Person herausbildet. Man kann also vermuten, dass hier ein Gewöhnungsprozess mit zahlreichen Wiederholungen dazu führt, dass sich (in den meisten Fällen) ein zunehmend stabiles Selbst entwickelt, und dass dieses Selbst alle geistigen Prozesse, die es durchführt und alle mentalen Zustände, die es erlebt, sich selbst zuschreibt.

Die auf Basis immer erneuter Wiederholung einsetzende Gewöhnung *von uns selbst an uns selbst* setzt sich im gesamten weiteren Lebensverlauf fort. Wir erleben uns jeden Morgen beim Aufstehen und beim Blick in den Spiegel als derselbe, als der wir gestern ins Bett gegangen sind. Uns bleibt das Schicksal von Gregor Samsa erspart, der Hauptfigur der Erzählung „Die Verwandlung" von Franz Kafka, der sich eines Morgens als in ein „Ungeziefer" verwandelt entdeckt. Diese Gewöhnung *von uns selbst an uns selbst* hat Douglas Hofstadter in seinem Buch mit dem treffenden Titel „Ich bin eine seltsame Schleife"[32] entfaltet.

Ist unser Ich, der Träger unseres Geistes und damit unser Geist selbst, sind das nur Illusionen? Der Begriff der Illusion erscheint mir zu hart, zu nah an falscher Wahrnehmung. Denn wir nehmen ja unseren Geist als ein „Etwas" wahr, also gibt es in diesem Zusammenhang keine falsche Wahrnehmung. Aber ein Rätsel bleibt der Geist allemal. Und auch noch hochauflösendere MRTs werden keinen Beitrag zu seinem tieferen Verständnis leisten ...

---

[32] Stuttgart 2008.

Korpsgeist – kein guter Geist

Wenn man bei einem sogenannten „Beratungsunternehmen" angestellt ist, erlebt man dort vermutlich immer so etwas wie einen „Korpsgeist". Dieser aus dem militärischen und männerbündlerischen Bereich (vgl. den Text zum Stichwort „Burschenschaften") stammender Begriff lässt sich auf Situationen anwenden, die man sehr oft in Unternehmen dieser Art antrifft. Bitten Kunden eines solchen Unternehmens dieses darum, für eine bestimmte beim Kunden durchzuführende Aufgabe ein Angebot abzugeben, dann läuft ein vielfach eingeübter Prozess ab, der dann final auf eine Präsentation des ausgearbeiteten Angebots des Beratungsunternehmens beim Kunden hinausläuft. Da bekanntermaßen weder Zeit noch Personal noch andere Ressourcen für ein vernünftig plausibilisiertes Angebot ausreichen, wird es zum Ende der Angebotsphase regelmäßig hektisch und teilweise anarchisch. Hierarchien werden zweitrangig, Arbeitszeiten auch, und manchmal arbeitet man eben bis zum Umfallen, in jedem Fall aber bis zum Präsentationstermin. Und in der Phase vor diesem kommt eben der Korpsgeist zum Tragen, dieses „Wir sind die Besten", „Wir hauen die Konkurrenz raus", „Wir halten zusammen", „Wir (Männer) kennen keinen Schmerz", usw. Wenn der Kunde sich dann für das Konkurrenzangebot entscheidet – wie er es statistisch in neun von zehn Fällen eben tut, ist auch der Korpsgeist dahin. Der Projektleiter des Angebots wird beschimpft, im schlechtesten Fall entlassen. Und man wartet wieder auf die nächste Kundenanfrage, bei der man den Korpsgeist wieder aufs Neue erlebt ...

Kubrick, Stanley

Stanley Kubrick (1928 – 1999) war ein Meisterregisseur, der unvergleichliche Meisterwerke geschaffen hat, u. a. „Barry Lyndon", „Eyes Wide Shut" (vgl. die gleichnamigen Stichworte), „2001: Odyssee im Weltraum", „Uhrwerk Orange", „Shining" mit Jack Nicholson, „Full Metal Jacket". Sehenswert auch die früheren Werke „Lolita" mit James Mason und „Dr. Seltsam, oder wie ich lernte, die Bombe zu lieben" mit dem grandiosen Peter Sellers.

Künstliche Intelligenz

Künstliche Intelligenz (KI) ist ein Fake-Begriff. Schon der Begriff Intelligenz ist in der Psychologie umstritten. Viele definieren ihn heute noch so wie weiland Hans Eysenck (1916 – 1997), der britische Persönlichkeitsforscher: „Intelligenz ist das, was man mit Hilfe von Intelligenztests misst." Eine abenteuerliche, eigentlich unwissenschaftliche Aussage.

Die heutigen KI-Sprachmodelle haben viele im Hinblick auf ihre Mächtigkeit überrascht. Und in der Tat macht es z.B. Spaß, sich mittels ChatGPT in eine neue Programmiersprache einweisen zu lassen. Man braucht keine langweiligen Einführungen zu lesen, sondern lässt sich gleich ein fertiges Programm bauen. Auch ich habe mein erstes Python-Programm mithilfe dieser KI erstellt.

Allerdings wird der Traum mancher Leute von einer *Artificial General Intelligence*, einem KI-System, das wie der Mensch zu allen beliebigen intellektuellen Leistungen fähig ist, ein Traum bleiben. Es wird Systeme geben, die bei „Wer wird Millionär" die Eine-Million-Euro-Frage zielsicher beantworten können, aber der Terminus „intelligente Maschinen" ist ein Widerspruch in sich, denn Intelligenz – wie *clumsy* auch immer definiert – setzt ganz offenkundig einen lebenden Organismus voraus.

Noch zwei Aspekte zur KI sind mir wichtig. KI-Systeme verbrauchen riesige Mengen an Ressourcen. Um ein KI-System zu trainieren, und im Betrieb von KI-Systemen wird Energie in einer Größenordnung verbraucht, die „traditionelle" IT-Systeme um Längen übertrifft. Wenn man sich jetzt noch vorstellt, welchen Energiebedarf eine zukünftig denkbare Kombination von KI-Systemen mit Quantencomputern einmal erfordern wird, werden erneuerbare Energien kaum zur Deckung ausreichen.

Ein weiteres Problem stellt der Umstand dar, dass die Erstellung von KI-Systemen eine neuartige Form der „Sklavenarbeit" fördert. Das „Wissen", das einer KI als „Futter" zugeführt wird – gleich ob als Daten-, Text-, Bild- oder Audiomaterial –, muss KI-gemäß aufbereitet werden. Hierfür werden ungezählte Hilfskräfte, meist aus Billiglohnländern, angeheuert, die in stundenlanger monotoner und notorisch unterbezahlter Arbeit Informationen entsprechend transformieren, um sie der KI zu präsentieren.

Künstliche Intelligenz stellt unser moralisches System vor völlig neue Herausforderungen.

L

Laufen

Laufen (ich kann den Begriff Jogging nicht leiden) habe ich erst recht spät als Hobby für mich entdeckt. Es war – wieder einmal – während des Studiums in Berlin, als die Circle Training Gruppe, bei der ich ein paarmal mittrainiert hatte, im Sommer eine kleine Laufeinheit einbaute, anstatt in der miefigen Turnhalle herumzuhopsen. Ich fand Gefallen am Laufen und bin – mit einigen Unterbrechungen – bis heute dabei geblieben.

Neben dem Marathon 2003, bei dem ich wegen Überschätzung der eigenen Kräfte eine Laufpause bei Kilometer 35 einlegen musste, war mein schönster Lauf der 25 km-Lauf von Hildrizhausen bei Böblingen. Die Laufstrecke am Rande des Naturparks Schönbuch war komplett gekiest, eine Unterlage, die Läufer lieben und führte durchgehend durch Wald. Zunächst verlief die Strecke auf etwa 10 Kilometern unmerklich leicht abschüssig, worauf sich dann 15 Kilometer sehr hügeliges Gelände anschloss, schon eine große Herausforderung. Den anspruchsvollen Lauf habe ich in unglaublichen 1 Stunde und 51 Minuten abgeschlossen. Ja, ja, lang, lang ist's her (1984).

Leipzig

Leipzig ist die schönste Stadt im Bundesland Sachsen und gehört eigentlich gar nicht wirklich dorthin. (Oh, jetzt ziehe ich mir den geballten saxonischen Zorn zu ...) Manche Gegenden in Leipzig erinnern mich an ähnliche Gegenden in Berlin – natürlich Ost. Stadtplanerisch ist der Erhalt des Innenstadtrings hervorragend gelungen. Eine Stadtrundfahrt in Leipzig ist abwechslungsreicher und unterhaltsamer als in vielen anderen Städten. Und es muss auch nicht immer das Völkerschlachtdenkmal sein, das zum vermeintlichen Pflichtprogramm eines Leipzigbesuchs gehört. Es kann auch mal das Museum in der „Runden Ecke" sein, das an Staatssicherheit und Montagsdemonstrationen auf dem Innenstadtring erinnert.

Immer lohnt sich auch ein Besuch der Leipziger Buchmesse im Frühjahr. Die Buchmesse ist deutlich angenehmer als ihr doch schon etwas zu arriviertes Gegenstück in Frankfurt. *Anlässlich eines Messebesuchs, bei dem wir uns immer eine Unterkunft im „Steigenberger" in der Innenstadt gegönnt hatten, lief uns der Martin, der Walser, über den Weg, selbstredend in Begleitung einer deutlich jüngeren Dame ...*

Deutsche Leitkultur

Dieser schräge Begriff, eigentlich ein Widerspruch in sich, denn Kultur kann nie *leitend* sein, sonst wäre sie nicht Kultur, ist tatsächlich keine Erfindung der CDU/CSU, sondern geht auf den Politologen Bassam Tibi zurück, der ihn im Sinne „europäischer Werte" definiert sehen wollte. Die Konservativen haben den Begriff dann zu einer „deutschen Leitkultur" verbogen. Schön lächerlich der Versuch des damaligen Innenministers Thomas de Maizière im Jahr 2017, das Thema mit zehn Regeln zu umreißen, von denen mir seine „Wir geben uns die Hände"-Regel besonders nachhaltig in Erinnerung geblieben ist. Für den Parteivize Jens Spahn stellt die Union gar die „Partei der Leitkultur" dar.

Oh, wie wohl ist's mir am Abend, wenn ich daran denke, dass diese Partei noch nicht (wieder) in Deutschland regiert ...

Letzte Generation

Der verkürzte Name wird oft benutzt, um die Organisation lächerlich zu machen. Dabei lautet der vollständige Name „Letzte Generation vor den Kipppunkten". Mit den Kipppunkten sind die Klimapunkte genannt, bei deren Erreichen eine Umkehr zu einem Normalklima nicht mehr möglich ist. Beispiele sind der bedrohte Amazonasregenwald, der tauende Permafrost in Sibirien und Kanada oder die sich ändernde Atlantikzirkulation. Da niemand derzeit weiß, wann genau diese Kipppunkte erreicht werden, ist unser gesellschaftlich doch äußerst laxer Umgang mit der Klimafrage gefährlich. Dass es Klima-Kippunkte gibt, ist in der Wissenschaft nicht umstritten.

Eine Organisation, die sich wie die *Letzte Generation* um die Zukunft unseres Planeten sorgt, dem Verdacht auszusetzen, eine kriminelle Vereinigung zu sein, wie es Staatsanwaltschaften in Bayern und Mecklenburg-Vorpommern tun, ist abwegig und diskriminierend. So wird es nichts mit der vielleicht noch möglichen Abwendung der Klimakatastrophe. Vgl. auch den Text zum Stichwort „Klimakrise".

Linkssein heute

Ich war, seit ich denken kann, politisch „links". Und ich werde, solange ich denken kann, politisch links sein. Linkssein gehört seit der Lektüre von Brechts Lehrstücken – immer noch sehr lesenswert! – zu meiner Sozialisations-DNA. → 7. Klasse / Leibnizschule / Gymnasium für Jungen / Frankfurt am Main, 1970 / Danke, Herr Liebel! Der Impuls zum Linkssein geht immer von der gleichen Erkenntnis aus: es geht ungerecht zu in der Welt; es wird Menschen in der Welt übel mitgespielt. Das ist ein nicht hinnehmbarer Zustand.

Übrigens auch noch ...: unerträglich ist die penetrante Gleichsetzung von rechts und links in der politischen Debatte, die besonders von Konservativen betrieben wird.

Diese Gleichsetzung hat keine sachliche Grundlage und ist reiner Populismus.

In der Zeit der Weimarer Republik gab es eine starke Linke, repräsentiert durch die Unabhängige Sozialdemokratische Partei Deutschlands (USPD) und die kommunistische Partei Deutschlands (KPD). Die USPD löste sich noch vor der Machtübernahme durch die Nazis auf, die KPD existierte während Nazideutschlands im Untergrund weiter und wurde 1956 vom Bundesverfassungsgericht als verfassungswidrig verboten. Während der Nazizeit wurden Mitglieder von KPD, USPD und auch SPD in Konzentrationslagern inhaftiert; viele wurden ermordet. In der DDR wurden KPD und SPD 1946 zur SED zwangsvereinigt. In Westdeutschland blieben die nach dem KPD-Verbot gegründete DKP, die SEW (die de facto SED Westberlins) und auch die zahlreichen sogenannten K-Gruppen lediglich linke „Mauerblümchen". Mit der Übernahme der neuen Bundesländer durch die BRD – die sogenannte „Wiedervereinigung" – hatte die Partei *Die Linke* (vormals PDS) zeitweise zumindest in den neuen Ländern eine gewisse Bedeutung, die sich heute aber praktisch in nichts aufgelöst hat. Ob die Partei von Sahra Wagenknecht (Bündnis Sahra Wagenknecht) als linke Partei gelten kann, muss man sehen. Ich habe gelinde gesagt, Zweifel. (Siehe auch das Stichwort „Wagenknecht, Sahra".)

Was ich mich immer schon gefragt habe, ist, warum es heute sowenig Linke in Deutschland gibt, und, wo sind sie geblieben? Die SPD hat überhaupt kein linkes Profil mehr. Und die Grünen, nun ja, darüber muss man stillschweigend hinweggehen. Es gibt keine Petra Kelly mehr, und überzeugend *grün* sind die Grünen ebenfalls mindestens seit 2021 auch nicht mehr.

Ist es ein europäischer Trend, dass eine ehemals linke Bewegung durch die Rechten immer mehr an den Rand gedrängt wird? Ein Trend, der auch in Deutschland greift? Vielleicht. Aber in Frankreich hat sich gerade eine neue linke „Volksfront" (*Noveau Front Populaire*) gebildet. Sie hat verhindert, dass die Ultrarechten die Mehrheit im französischen Parlament erhalten haben.

Überhaupt Frankreich: Mir ist das französische Motto der Revolution, das heute Verfassungsrang hat – Liberté, Égalité et Fraternité – tausendmal lieber als das deutsche „Einigkeit und Recht und Freiheit", bei dem allein schon die Reihenfolge nicht passt. Ganz zu schweigen von der zum Text gehörenden Melodie, die gegenüber der französischen Hymne wie ein Schlaflied wirkt.

Zwei Dinge müssen hier angefügt werden, die für mich mit Linkssein nichts zu tun haben: Das eine ist der Antisemitismus; das andere ist ein Verständnis für den russischen Angriffskrieg in der Ukraine. Beide Haltungen haben nichts mit einer linken Einstellung zu tun. Linkssein ist universalistisch, antirassistisch und achtet das Recht aller Staaten auf Selbstbestimmung. Die israelische Politik mag so grottenschlecht sein wie seit 1949 nicht mehr. Sie rechtfertigt aber niemals Hass oder auch nur Ablehnung von Jüdinnen und Juden in der Welt. Ich möchte auch nicht für die Politik der deutschen Bundesregierung verantwortlich gemacht werden, ob hier oder im Ausland. Und der imperialistische

Krieg Wladimir Putins ist als Überfall auf einen souveränen Staat nicht nur völkerrechtswidrig, sondern wegen der Art der gegen Zivilbevölkerung und zivile Infrastruktur gerichteten Kriegsführung besonders verabscheuungswürdig. (Vgl. hierzu aber auch den Text zum Stichwort „Ukraine".)

Luther, Martin

Martin Luther (1483 – 1546) war katholischer Theologe, Reformator, Bibelübersetzer und glühender Antisemit.

Mainz

*Wohnt man in einer Anlage, in der auch Bundesligafuß-
baller residieren, dann kann man in der zugehörigen Tiefgarage anhand der dort abgestellten Fahrzeuge den Wert
abschätzen, der den Spielern des betreffenden Vereins
zugemessen wird. So war es auch bei uns eine Zeitlang.
Neben den obligatorischen AMG-Mercedes-Fahrzeugen
war u. a. auch einmal ein Rolls Royce für ein paar Monate
Tiefgaragengast. Da die Spieler bei Mainz 05 sehr häufig
wechseln und die Mannschaft sich doch eher in der unteren
Tabellenhälfte aufhält, sanken die Ansprüche und auch die
Fahrzeuge tendieren heute wieder eher zu gehobener
Mittelklasse.*

Mainz ist Landeshauptstadt von Rheinland-Pfalz und seit
2007 mein Wohnort. Mainz hat eine lange Historie seit der
Römerzeit, aus der die Stadt meiner Einschätzung nach
noch immer zu wenig Nutzen zieht. Zusammen mit den
jüdischen Gemeinden von Speyer und Worms gehörte

Mainz im Mittelalter zu den SchUM-Städten[33], deren Monumente in das UNESCO-Weltkulturerbe aufgenommen wurden.

Städteplanerisch ist Mainz eine mittlere Katastrophe: zu viel Versiegelung, zu wenig Grünflächen, Vorfahrt für den motorisierten Individualverkehr und Gesundheitsgefährdung für Radfahrer. Einen ersten Lichtblick stellt die 30 km-Zone auf der Rheinallee/Rheinstraße dar.

Aber abgesehen von der suboptimalen Städteplanung, lebt es sich in Mainz ganz gemütlich, wenn man kulturell und gastronomisch nicht allzuhohe Ansprüche stellt. Es ist eben von lauter „Land" (vulgo: Provinz) umgeben und daher ebenfalls *zu Land* mutiert. Und natürlich nehmen es einem echte Mainzer übel, wenn man mal die Flucht nach Wiesbaden ergreift. Aber das ist ja in Deutschland bei Nachbarstädten auch anderenorts gang und gäbe.

Mann, Thomas

Paul Thomas Mann (1875 – 1955) war ein deutscher Schriftsteller, im Grunde *der* deutsche Großschriftsteller des 20. Jahrhunderts. Den Nobelpreis für Literatur erhielt Mann 1929 de facto für den Roman „Buddenbrooks", obwohl die späteren Romane, vor allem „Der Zauberberg",

---

[33] SchUM bezeichnet den Verbund jüdischer Gemeinden der rheinischen Städte Speyer, Worms und Mainz, und steht als Akronym für die hebräischen Namen der drei Städte: Sch für Spira (Speyer), U für Warmaisa (Worms), M für Magenza (Mainz).

„Joseph und seine Brüder", „Doktor Faustus" und „Die Bekenntnisse des Hochstaplers Felix Krull" mehr Aufmerksamkeit erhielten.

Mich hat seit jeher – neben der Joseph-Tetralogie – vor allem der „Doktor Faustus" angesprochen, gelingt es Thomas Mann doch hier, das Faust-Thema von Goethe, den Mann sehr verehrt hat, auf eine originelle Weise in die Welt der Musik Arnold Schönbergs sowie auch in die Musiktheorie (Adorno lässt grüßen) zu transponieren. Das Drama spielt sich ab vor dem Hintergrund des aufkommenden Nationalsozialismus, der dem Teufelspakt des „Tonsetzers" Adrian Leverkühn eine zeitgeschichtliche Note verleiht. Besonders beeindruckend das Kapitel 25 mit der direkten Begegnung Leverkühns mit dem Teufel, in der der Pakt besiegelt wird.

Mathematik

It has been wittily observed that a mathematician is a machine for turning coffee into theorems.
(Jason Rosenhouse, Laura Taalman)

In der Schule hatte ich eine Phase (pubertätsgeschuldet?), in der die Mathematik mich fast zum Wahnsinn getrieben und zum Sitzenbleiben geführt hätte. Um Haaresbreite entging ich in Klassenstufe 10 dem Damoklesschwert der Note 6 und rettete mich auf das sichere Ufer mit einer 5. (Glücklicherweise der einzigen im damaligen Zeugnis.) Dass es sich dann zum Abitur hin zu einer 2 entwickelte, war nicht meinem Fleiß zu verdanken, sondern eher eines Lehrer- und Themenwechsels. Kurioserweise wählte ich dann an der Universität eben diese Mathematik als Studienfach und brachte es immerhin zu einem Vordiplom „mit Auszeich-nung". Ohne den Wechsel des Studienortes Berlin – Mainz hätte ich vielleicht sogar abgeschlossen, wer weiß.

Was ist Mathematik? Mathematik ist weder Natur-, noch Geisteswissenschaft. Am ehesten könnte man das Fach als „Strukturwissenschaft" bezeichnen und in die Nähe von Logik und Informatik stellen.

Bis heute fasziniert mich die Mathematik, wenn auch meine Kenntnisse doch deutlich dahingeschmolzen sind und ich mich gelegentlich bestenfalls mit etwas höherer Schulmathematik beschäftige. Zum Beispiel versuche ich mich an Aufgaben wie dieser hier (mutmaßlich eine Abitur-aufgabe aus Seoul/Südkorea):

Eine ganzrationale Funktion f dritten Grades mit führendem Koeffizienten 1 erfüllt folgende Eigenschaften:
(1) Es gibt keine ganze Zahl k mit $f(k-1) f(k+1) < 0$
(2) $f'(-\frac{1}{4}) = -\frac{1}{4}$
(3) $f'(\frac{1}{4}) < 0$
Bestimmen Sie den Funktionswert $f(8)$.
(Vielleicht versuchen sich die Leser:innen an dieser Aufgabe?)

Besonders fasziniert mich die *Unendlichkeit* in der Mathe-matik. Die Mathematik operiert hier mit einem Begriff, den wir aus der Natur nicht ableiten können, denn „sehr, sehr groß" ist eben nicht unendlich. Alles um uns herum, auch das Universum, ist endlich. (Für Einstein war ja angeblich nur die menschliche Dummheit unzweifelhaft unendlich ...) Das Faszinierende ist nun, dass die Mathematik diesen Begriff, dem nichts in der Realität entspricht, noch weiter steigert. Denn es gibt nicht nur „ein" unendlich, es gibt davon sehr viele, nämlich unendlich viele. Es beginnt mit dem abzählbar Unendlichen. Das ist uns doch wieder vertraut, denn wir zählen ja 1, 2, 3, und wissen, dass wir damit nie an ein Ende kämen, selbst wenn wir denn über unendlich viel Zeit verfügten. Schwieriger wird es schon, wenn wir überlegen, dass auch die rationalen Zahlen (Brüche wie ⅓, 7/8, usw.) auch „nur" abzählbar unendlich viele sind, denn die natürlichen Zahlen 1, 2, 3, ..., erscheinen uns ja viel, viel weniger Zahlen zu sein als die rationalen. Aber die Mathematik hält noch ganz andere Kaliber bereit. Denn es gibt ja noch die reellen Zahlen, zu denen dann solche „krummen" Dinger wie *Wurzel aus 2* oder *Pi* gehören. Und die Menge der reellen Zahlen ist wiederum viel, viel größer als die Menge der rationalen Zahlen, die Menge ist „überabzählbar unendlich". Ganz verrückt wird es nun, wenn wir die Mengenlehre strapazieren und Mengen von (Teil-)Mengen, sogenannte Potenzmengen, bilden. Denn dann kommt man zu beliebig vielen Stufen immer höherer Unendlichkeit. Die Menge der Teilmengen der natürlichen Zahlen ist bereits überabzählbar. Bildet man zu dieser Menge dann wieder die Menge aller Teilmengen dieser Menge, kommt man zur nächsten Stufe, und so fort.

Ich leide (allerdings nicht sehr) unter einem „Zählsyn-drom". Wenn immer ich Treppen steige oder an Hochhäu-sern vorbeigehe, zähle ich unwillkürlich die Stufen bzw. die Stockwerke. An dem unserer Wohnung gegenüberliegenden Haus eines öffentlichen Gebäudes ist die Blitzschutzleitung über zahlreiche Dachfirsthalter geführt, deren Anzahl ich selbstverständlich auch gezählt habe. Die Gitterstäbe an Balkonen zählen auch zu meinen Zählopfern, usw. Eine Anfrage an Google führt mich zum Begriff des „Zähl-zwangs". Allerdings fehlt bei mir der Angstauslöser, der Betroffene hier tatsächlich leiden lässt. Puuh, bei mir glücklicherweise nicht der Fall ...

Wer einmal etwas tiefer in die Geheimnisse der Mathe-matik, vor allem in die Ästhetik „schöner" mathematischer Beweise einsteigen möchte, dem sei das Buch „Das Buch der Beweise"[34] von Martin Aigner und Günther Ziegler empfohlen.

Metaphysik

Metaphysik ist das Teilgebiet mit den interessantesten Fragen – Beispiel: Warum gibt es überhaupt etwas und nicht vielmehr nichts? –, leider aber notorisch ohne befrie-digende Antworten ...

---

[34] Berlin 2018.

Migration

Es ist eines der drängendsten und zugleich schwierigsten Probleme unserer Zeit: die Migration. Der frühere Innenminister Horst Seehofer bezeichnete sie als die „Mutter aller Probleme". Heute ist sie eines der Wahlkampfthemen mit Top-Priorität. Das liegt sicher auch an dem Umstand, dass einige Kommunen mit der Unterbringung und Versorgung der ankommenden Menschen mittlerweile überfordert sind. Es liegt aber vor allem am Umgang der Politik mit dem Thema.

Zweierlei macht die Politik falsch – nebenbei: nicht nur bei diesem Thema –: erstens behauptet sie, schnell bzw. überhaupt wirksame Schritte unternehmen zu können und zweitens informiert sie die Öffentlichkeit nicht korrekt und umfassend. Beide Aspekte wirken unliebsam zusammen und führen zu Frust in der Bevölkerung.

Keiner der Schritte, die die Politik in den Diskursraum stellt, wirken schnell bzw. wirken überhaupt. Gehen wir ein paar von ihnen einmal durch. Dauerhafte Grenzkontrollen verschieben das Problem nur, denn die „grünen Grenzen" sind deutlich „länger" als die wenigen offiziellen Grenzübergänge, was sich unter Migranten schnell herumspricht. Schlupflöcher wird es immer geben. Abgesehen davon sind dauerhafte Grenzkontrollen im Schengenraum unzulässig. Die „Drittstaatenlösung", die Durchführung von Asylverfahren in Drittstaaten außerhalb der Europäischen Union ist eine Totgeburt, zu teuer, zu wenig nachhaltig, zu unsicher. Vollkommen unklar bei dieser Scheinlösung ist, was mit abgewiesenen Asylbewerbern geschehen soll. Die Asylzentren an den EU-Außengrenzen bieten sich ebenfalls nicht als Lösung an. Auch hier wäre wie bei der „Drittstaatenlösung" die Aufnahmekapazität unter der Maßgabe rechtskonformer Verfahren rasend schnell erreicht. Den derzeitig katastrophalsten Ansatz stellen die Absprachen und Abkommen mit Libyen und Tunesien dar, in denen diese Länder sich „bemühen", Migranten gar nicht mehr auf Boote zu lassen, die über das Mittelmeer Europa erreichen wollen. Die „Lösung" sieht hier so aus, dass Europa viel Geld dafür bezahlt, dass Migranten von den genannten Ländern an den Rand der Sahara getrieben werden, wo viele von ihnen elendig umkommen.

Nein, es gibt praktisch nur eine nachhaltige, aber extrem langwierige Lösung für das wachsende Migrationsproblem. Es müssen die Lebensbedingungen der Menschen in den entsprechenden Ländern verbessert werden. Denn nur wenn die Menschen keinen existentiellen Grund für den Weggang aus ihren Ländern mehr haben, werden sie dies auch nur noch in geringerem Umfang umsetzen. Und hier sind wir wieder bei allen anderen großen Problemen unserer Zeit, vor allem der Klimakrise und der Umweltzerstörung. Und da diese Probleme weiterhin wachsen werden, wird sich auch die Migrationsproblematik weiter verschärfen. Man male sich einmal aus, was passiert, wenn der Meeresspiegel durch die Eisschmelze in Arktis und Antarktis so stark steigt, dass ganze Landstriche im dichtbevölkerten Südostasien unbewohnbar werden ...

Über all diese Zusammenhänge informiert die Politik nicht umfassend und nachhaltig genug. Abgesehen davon, dass viele Politiker hier offenkundig auf die „Gegenfahrbahn" geraten sind, wie der Vorschlag der FDP zeigt, das Entwicklungshilfeministerium ganz abzuschaffen. Eine absurde, unverantwortliche Position einer (Noch-)Regierungspartei.

In einer idealen Welt wäre Migration vollkommen freizügig. Jeder, der dies wünschte, könnte sich in jedem Land der Welt niederlassen. Er müsste nur die Gesetze des jeweiligen Landes anerkennen. Müssen wir Ideale aufgeben, nur weil sie unter den realen Gegebenheiten utopisch erscheinen? Nein, wir sollten sie im Hinterkopf behalten, damit sie den Hintergrund bilden für unseren moralischen Kompass, der uns hoffentlich alle Menschen, die zu uns kommen, menschenwürdig behandeln lässt. Wie es im Übrigen auch unser Grundgesetz gebietet.

Monty Python

Der britische Humor wurde einige Jahrzehnte recht repräsentativ durch die Komikertruppe „Monty Python" vertreten. Die Fernsehserie „Monty Python's Flying Circus" und Kinofilme wie „Das Leben des Brian" und „Die Ritter der Kokosnuss" waren brillant. Die Eröffnungsszene in der „Circus"-Serie mit dem „It's man" (Michael Palin), in der dieser sich u. a. nach minutenlangem Bemühen endlich völlig abgerissen aus dem Meer an die Küste schleppt und nichts anderes herausbringt als „It's", ist meisterhafter Nonsense mit kafkaesker Anmutung. Der schwarze Humor im „Brian" ist unerreicht. Sehenswert auch der Film „Ein Fisch namens Wanda", in dem die „Pythons" John Cleese und

Michael Palin humoristisch hervorragend ergänzt werden durch Jamie Lee Curtis („Wanda Gershwitz") und Kevin Kline („Otto").

Musik

Wenn ich mich noch recht entsinne, war die Single „April" von Deep Purple meine erste eigene Schallplatte (der Begriff mutet schon fast „mittelalterlich" an). So etwa um 1970/1971 muss das gewesen sein. An weitere Platten, dann meistens LPs (Langspielplatten), erinnere ich mich noch gut, teils waren es eigene, teils die von meinem Freund Jürgen, in dessen Zimmer wir diese gern gehört haben. Unter anderen waren vertreten: Led Zeppelin I und II, Ten Years After („Ssssh"), Chicago Transit Authority I und II, Santana („Abraxas").

Auch einige Konzerte sind mir in Erinnerung geblieben, u. a. in der Frankfurter Jahrhunderthalle das von Procol Harum und das von Rory Gallagher, dem mitten im Song eine Seite gerissen war, und er – tapfer und ohne sehr merkliche Einschränkung weiterspielend! – sich eine neue Seite aufzog ...

Apropos Jahrhunderthalle: Ich im Schulchor; irgendeine Festveranstaltung; wir singen „Halleluja" (Messias), ich Sopran. Dafür müsste man mir heute Geld bieten ...

Und dann habe ich ein paar Jahre Mandoline gespielt, bis das Instrument einfach nicht mehr „in" war. Das war aber definitiv vor dem Rory Gallagher Konzert, in der dieser ja auch Mandoline spielte ...

„Music was my first love, and it'll be my last", sang John Miles 1976. Ich konnte und kann es nachempfinden. Musik lässt die Seele, wenn es sie denn gibt, schwingen. Musik ist ein Universum, größer als das uns umgebende Universum. Musik ist eine Sprache ohne Sprache. Ohne Musik wäre das Leben recht leer.

Wenn man mich zwänge, zehn Musikstücke auszuwählen, um sie mit auf die „einsame Insel" zu nehmen, wählte ich spontan (das kann sich bei jeder Neubetrachtung natürlich wieder ändern ...): Beethovens 6. oder 7. Sinfonie (da müsste ich würfeln), Bachs Brandenburgisches Konzert Nr. 3, den Jazz-Walzer Nr. 2 von Schostakowitsch, Brahms ungarischen Tanz Nr. 1, „Child in Time" (Deep Purple), „Deutsch Nepal" (Amon Düül II), „Atom Heart Mother" (Pink Floyd), „More Than This" (Roxy Music), „Sky and Sand" (Paul Kalkbrenner), „Back to Black" (Amy Winehouse).

Auch wenn sie in meiner vorstehenden Hitliste nicht oder nur einmal auftauchen, gehören zu einer Musiksammlung meiner Präferenz praktisch das gesamte Œuvre der Gruppen Jethro Tull und Pink Floyd. Zu ergänzen wären dann auch noch einige der klassischen Singer/Songwriter, allen voran Joan Baez, Annie Lennox, Amy Winehouse, Cat Stevens, Bob Dylan, Leonard Cohen.

Uuups, da hätte ich doch beinahe die Doors vergessen ...

... ach, Musik ist schon ein weites Feld ...

N

Nation

Als *Willensnation* kann Nation gut funktionieren, wie das Beispiel Schweiz zeigt, in der vier Kultur- und Sprachräume *willentlich* einen gemeinsamen Nationalstaat bilden. Wenngleich auch die Schweiz nicht in jeglicher Hinsicht als Vorbild dient, denn auch dort, wie an vielen Orten, findet Ausgrenzung von „Anderen" statt.

Übel wird Nation dann, wenn mit ihr auf eine ethnische Homogenität der Gesellschaft gezielt werden soll. Denn ethnische Homogenität ist ohnehin eine Illusion und niemals erreichbar. Mit der vermeintlichen ethnischen Homogenität ist Nation dann ganz dicht am *Volksbegriff* und seinen vielen Spielarten. Eine dieser Spielarten, die „Volksgemeinschaft", hat in Nazideutschland zum millionenfachen Mord an all denen geführt, die man nicht hierzu zählen wollte.

Aber auch die *Kulturnation* führt nicht zu einem vernünftigen Begriff einer Nation. Was soll das sein, Kultur im Kontext von Nation? Damit hat schon Thomas Mann Schiffbruch erlitten, als er in seinen „Betrachtungen eines

Unpolitischen" die vermeintlich deutsche Kulturnation der französischen *Nur-Zivilisation* abgrenzend gegenüberstellte.

Aus meiner Sicht gehört der Begriff der Nation in die Mottenkiste der Geschichte. Wir haben keine Nationen, wir haben Staaten, die allermeisten davon leider sehr unvollkommen. Und wir sollten unsere Aufmerksamkeit auf das richten, was nach Überwindung des (National-) Staats an Strukturelementen kommen wird, Überstaatliches eben (Beispiel Europäische Union, vgl. das Stichwort „Europa") und universal Kosmopolitisches.

Nationalsozialismus

Der Nationalsozialismus ist ein Phänomen u. a. insofern, als er sich nach seinem monströsen Ende in nichts auflöste. Ab dem 9. Mai 1945 gab es in Deutschland praktisch keine Nazis mehr. Hatte man Hitler und seinen braunen Kameraden noch bis Ende der dreißiger Jahre aus voller Kehle zugejubelt und sich auch noch den „totalen Krieg" gewünscht, den man dann ja auch erhalten hat, war 1945 alles vorbei und vergessen. Man hatte mit dem Wiederaufbau zu tun und wartete die Entnazifizierung ab. Dann war man froh, dass mit den Nürnberger Prozessen der Fokus auf den Haupt- und Nebenkriegsverbrechern lag und all die Millionen Mitläuferlein verschont wurden. Nach der Gründung der Bundesrepublik konnte man dann aber wieder die braungefärbte Gesinnung etwas freier artikulieren, es gab ja mit der Adenauerregierung einen Garanten dafür, dass kein Altnazi wegen irgendeinem früheren „Befehlsnotstand" belangt wurde. Adenauer hatte seinen „eigenen" Nazi (Hans Globke als Chef des Bundeskanzleramtes) direkt im Hause. Auch die Justiz war sehr gnädig. Kunststück, denn sie rekrutierte sich ja großflächig aus der Nazi-Justiz. Auch die Historiker fanden Nazideutschland nicht so furchtbar, dass sie sich mit dem Mitläufertum näher auseinandersetzen wollten. So kursierte bis fast an das Ende des 20. Jahrhunderts der Mythos, dass es eine kleine Clique von Verbrechern war, die das deutsche Volk so schamlos verführt hatte. Nur dieser Führungselite waren alle begangenen Verbrechen zuzuordnen. (Bezeichnend dafür die Produktionen des ZDF-Historikers Guido Knopp, in denen es immer nur um die Nazi-Eliten, niemals um die „ganz normalen Deutschen" ging.) Es bedurfte einiger Aufklärungsarbeit, um der deutschen Gesellschaft eine andere Geschichte zu präsentieren: Hier haben sich – ohne Vollständigkeit – u. a. verdient gemacht: die Revolte der „68er", die amerikanische Serie „Holocaust" und die Wehrmachtsausstellungen des Hamburger Instituts für Sozialforschung. Auch erwähnenswert seien hier die historischen Arbeiten u. a. von Christopher Browning, Daniel Goldhagen, Götz Aly und Peter Longerich.

Nein, der Nationalsozialismus war ein Phänomen, das alle gesellschaftlichen Schichten durchdrungen und Millionen Deutsche zu mitunter begeisterten Mitläufern gemacht hatte. Dies einzugestehen, ist bis heute nach meiner Auffassung immer noch kein gesellschaftlicher Konsens. Das ist einer der Gründe, warum ich mit diesem Deutschland auch heute noch hadere ...

175

Onomastik

Onomastik ist die Wissenschaft von den Namen, die Namensforschung. Namen gibt es für alles Mögliche: Menschen, Tiere, Orte, Landschaften, Berge, Flüsse. Am interessantesten ist das Teilgebiet der menschlichen Namen, Vor- und Familiennamen. Wer mehr über die Namenskunde wissen möchte, dem empfehle ich das Buch „Namen"[35] von Damaris Nübling.

Ontologie

Ontologie ist die Lehre vom Sein und eine theoretische Disziplin der Philosophie. *Sein* ist der Infinitiv von „ist". Und beide Begriffe sind mehrdeutig. Sagt man: Herr Keuner *ist*, dann will man ausdrücken, dass ein Mensch, der den Nachnamen Keuner besitzt, existiert, also lebt. Sagt man: Herr Keuner *ist* ein Schauspieler, legt man Wert auf die

---

[35] Eine Einführung in die Onomastik, Tübingen 2012.

Feststellung, dass ein Mensch, der den Namen Keuner trägt, zu einer bestimmten Gruppe oder Klasse, hier: der Klasse der Schauspieler gehört.

In der Ontologie geht es primär um die erste Bedeutung von „ist", also um die Existenzaussage. Und dies liegt insofern nahe, weil die ja die Aussage der Klassenzugehörigkeit die Existenzaussage voraussetzt. Denn, wenn Herr Keuner nicht *ist*, nicht existiert, dann kann er auch nicht Schauspieler *sein*. Die Ontologie befasst sich in diesem Sinne mit den grundlegenden (*grundlegendsten*) Objekten und Sachverhalten, über die Aussagen möglich sind.

Neben einfachen Existenzfragen zu materiellen Dingen gibt es natürlich schwierigere Fragen zur Existenz von nichtmateriellen Dingen, welche „Existenz" nach verschiedenen *Existenzweisen* beleuchten. Beispiele sind: Gibt es James Bond? Gibt es Einhörner? Gibt es Götter? Gibt es Zahlen? Gibt es *das Rote*? Gibt es *das Gute*?

Aber Existenzfragen sind nicht die einzigen Fragen der Ontologie. Allgemein geht es in der Disziplin um die Struktur der Wirklichkeit, um die grundlegenden Dinge, die in der Ontologie „Entitäten" genannt werden. Entitäten sind konkrete und abstrakte Gegenstände, Eigenschaften, Sachverhalte, Ereignisse, Prozesse. Untersucht werden die strukturellen Beziehungen zwischen den Entitäten.

Die Geschwister Oppermann

(Hier in der Hörbuchfassung, gelesen von Michael Degen)

„Die Geschwister Oppermann" ist ein Roman von Lion Feuchtwanger (1884 – 1958) aus dem Jahr 1933. Der Roman erzählt die Geschichte der jüdischen Geschwister Oppermann und ihrer Familien in den Jahren 1932 und 1933 vor dem Hintergrund der Machtergreifung der Nazis in Deutschland.

Feuchtwanger beschreibt eindrucksvoll die sich bereits früh andeutende Katastrophe für die jüdischen Menschen in Nazi-Deutschland, die trotz „idealer" Assimilation als Juden keine Chance haben, ihr Leben in der gewohnten Weise fortzusetzen. Auch wenn sie zunächst nicht glauben konnten, wie weit es der „Staat" wohl treiben wird mit seinem Antisemitismus, es kam immer noch schlimmer. Der Sohn Berthold aus der „Mischehe" (Nazi-Deutsch!) des Juden Martin Oppermann mit der Christin Lieselotte wurde wegen seines sachlichen Referats über „Herman, den Deut-schen" (gemeint ist Herman/Arminius aus der Varus-schlacht mit den Römern) von der Schule verwiesen und nahm sich in dessen Folge das Leben.

Die Hörbuchfassung mit Michael Degen (1928 – 2022), selbst Jude, ist ungeheuer authentisch. Degen versteht es hervorragend, den Geist der Zeit und die Gedanken jüdi-scher Menschen in dieser dunklen Epoche lebhaft und mit Empathie zur Geltung zu bringen.

P

Parteien

„Die Parteien wirken bei der politischen Willensbildung des Volkes mit" (Artikel 21 Grundgesetz). Mir kommt es manchmal eher so vor, dass die Parteien sich im Wesentlichen darauf konzentrieren, ihre eigenen Mitglieder „auf Linie" mit ihren Parteiprogrammen zu bringen. Denn abweichende Meinungen mögen die Parteien nicht gerne. Dem einfachen Mitglied, das sich einmal für den Beitritt in eine Partei entschieden hat, aber ansonsten ohne weitere Ambitionen bleibt, werden andere Ansichten als die des Partei-Mainstreams verziehen. Aber je höher jemand in der Partei-Hierarchie aufsteigt, gar ein Mandat auf Landes- oder Bundesebene übernimmt, desto enger wird der Korridor seiner spontanen und freien Meinungsäußerungen. Abweichungen werden hier hart bestraft, mit künftiger Nichtnominierung und Verweis ins hintere Parteiglied. Seiteneinsteiger in den etablierten Parteien haben es schwer und sind daher exotisch selten anzutreffen.

Damit aber kein Missverständnis aufkommt, sei deutlich artikuliert: dies ist kein Plädoyer zugunsten der neueren und neuesten Parteien am linken und rechten Rand des Spektrums. Die linke Partei, Abspaltung aus der Partei „Die Linke", wacht noch strikter als die etablierten auf den engen Korridor der von ihren Mitgliedern vertretenen Ansichten und nimmt Neumitglieder nur nach gründlicher „Gewissensprüfung" auf. Ist das noch eine linke Partei? (Vgl. die Texte zu den Stichworten „Linkssein" und „Wagenknecht, Sahra".)

Und die Rechtsaußen-Sammlung (von Partei kann hier keine Rede sein), die sich seit ihres Bestehens stetig radikalisiert hat, lässt zwar ein breites Spektrum unterschiedlicher Auffassungen zu, aber nur insofern sie nur ordentlich „völkisch" und antiliberal genug sind.

All diese Phänomene sind schlecht für die Demokratie und es muss die Frage gestellt werden, ob die Parteiendemokratie in der derzeitigen Form noch eine Zukunft hat. Eine einzige Stimme alle vier oder fünf Jahre für eine Partei, mit deren Programm man ante portas vielleicht zu fünfzig Prozent übereinstimmt, die aber in Regierungsverantwortung aus den berüchtigten „Sachzwängen" heraus andere Schwerpunkte als geplant setzt, kann der Demokratie letzter Schluss nicht sein. Die Bürger:innen müssen stärker an Entscheidungen auf allen Ebenen mitwirken können: Bürgerräte, Bürgerforen, Bürgerentscheide, Wahl des Bundespräsidenten, und weitere Elemente direkter Demokratie können helfen, lineares Parteidenken und Fraktionszwänge abzubauen (siehe auch das Stichwort „Demokratie").

Patriotismus

Bei dem Stichwort Patriotismus denke ich immer gerne an Gustav Heinemann (1899 – 1976), den Bundespräsidenten der Jahre 1969 – 1974. Gefragt, ob er denn Deutschland liebe, antwortete Heinemann kurz und prägnant: „Ach was, ich liebe keine Staaten, ich liebe meine Frau; fertig!" Heute scheint es, dass sich kein Politiker, noch dazu in einem hohen Staatsamt, zu einer solch ehrlichen Aussage durchringen könnte. Und auch Robert Habeck, der 2010 noch mit „Deutschland nichts anzufangen wusste" (s. oben den Text zum Stichwort „Deutschland"), scheint sich in Regierungsverantwortung zu einem echten Patrioten gewandelt zu haben.

Um es deutlich zu sagen: Wer sein Land liebt, hat wenig verstanden, am wenigsten das Wort Liebe.

Pazifismus

In diesen Tagen der Kriege in Europa und Nahost ist es nicht leicht, Pazifist zu sein. Und dennoch ist die Haltung richtig. Denn was wäre die Alternative? Kein Krieg ist gerecht, jeder Krieg ist unmenschlich. Es sterben Zivilisten. Es sterben Städte und Landschaften. Es stirbt die Ökologie. Es stirbt die Kultur. Es stirbt die Wahrheit.

Ich spreche keinem Land das Recht ab, sich gegen einen Angreifer zu verteidigen (siehe Stichwort „Ukrainekrieg"). Aber auch das Land, das sich verteidigt, muss die Menschenwürde achten, die seiner eigenen Leute und die seiner Angreifer. Und bei den eigenen Leuten gibt es Pazifisten und andere Menschen, die nicht kämpfen wollen. Diese Menschen dürfen niemals zum Kriegsdienst gezwungen werden.

Philosophie

Würde ich heute noch einmal ein grundständiges Studium beginnen, wäre Philosophie das Fach meiner Wahl. Philosophie scheint mir die interessantesten Fragen zu stellen, wenn auch die Antworten oft hinter den Erwartungen zurückbleiben (vgl. das Stichwort „Metaphysik"). Aber das liegt in der Natur der Sache. Philosophie ist daher eher „Liebe zum *Prozess des grundlegenden Fragens*" als „Liebe zur Weisheit".

Die berühmten Fragen von Immanuel Kant (1724 – 1804): Was kann ich wissen?, Was soll ich tun?, Was darf ich hoffen?, Was ist der Mensch? beschäftigen die Philosophie bis heute. Sicher gibt es noch viele weitere Fragen, die auch alle einer Antwort harren und bei denen dennoch mehr die intensive Befassung damit, eben der Prozess, im Mittelpunkt des Interesses steht und nicht die immer angreifbare Antwort. Beispiele für weitere Fragen sind: Warum gibt es überhaupt etwas und nicht vielmehr nichts? Eine überraschende Frage, gehen wir doch wie selbstverständlich von der Existenz der uns umgebenden Materie und allem anderen „etwas" aus. Oder auch: Wie kommt der Geist in den Körper? Ähnlich: Wie kann rein Geistiges (mein Wille zum Beispiel) Materielles beeinflussen? (Ich trete einen Ball mit dem Fuß, und er bewegt sich von mir fort.) Oder: Wie ist es, eine Fledermaus zu sein? Diese, auf den amerikanischen Philosophen Thomas Nagel (*1937) zurückgehende Frage klingt nur im ersten Moment etwas seltsam. Dahinter stecken praktisch die gesamte Philosophie des Geistes und der Umstand, das, was immer die Neurowissenschaften an neuen Erkenntnissen über unseren Geist zu Tage fördern, über das, was wir im Innern fühlen, empfinden, denken, alle mentalen Zustände, dem Zugriff von außen verborgen bleiben. (Vgl. den Text zum Stichwort „Körper und Geist".)

Natürlich hat die Philosophie noch mehr zu bieten als nur schlaue Fragen. Wissenschaftstheorie, Logik und die „Kunst" des Argumentierens sind weitere wichtige Elemente des Faches. Und die oben genannten Fragen von Kant lassen sich – der Reihe nach – den Teilgebieten Erkenntnistheorie, Ethik/Moralphilosophie, Religionsphilosophie und philosophische Anthropologie zuordnen.

Philosophie ist ein so grundlegendes und breit angelegtes Fach, dass es nicht nachvollziehbar ist, warum es nicht als reguläres Schulfach etabliert ist. Mit diesem Vorschlag des Bonner Philosophen Markus Gabriel bin ich vollkommen einverstanden[36]. Ein Fach Philosophie könnte dann auch das Fach Religion ersetzen und wäre qualitativ deutlich mehr als nur ein simpler Ersatz für ein sehr umstrittenes Fach.

---

[36] Moralischer Fortschritt in dunklen Zeiten. Universale Werte für das 21. Jahrhundert, Berlin 2020.

Polen

Ich muss zwei Geständnisse ablegen, und für das zweite von ihnen bitte ich die polnische Bevölkerung schon vorweg um Verzeihung. Das Erste: Ich war einmal im Besitz eines spritschluckenden VW Touareg. Das war ein einmaliger Fehlgriff. Nicht, dass der Wagen schlecht gewesen wäre, im Gegenteil, aber unter ökologischen Gesichtspunkten ... Na ja, Schwamm d'rüber.

Aber mit diesem Auto sind meine Frau und ich 2014 zu einer Tour durch Polen aufgebrochen. Dort waren wir zwar schon vorher (Warschau, Breslau, Danzig), aber eben bis dahin immer mit dem Zug und jetzt erstmalig mit dem Auto. Und hier mein angekündigtes Mea culpa: Ich habe mir doch tatsächlich extra für diese Fahrt eine Lenkradkralle als Diebstahlschutz zugelegt. Ich weiß nicht mehr, was genau mich da „geritten" hat, und kann es mir nur so erklären, dass ich mich durch die, auch heute noch kursierenden bösartigen Stereotype von den „Auto klauenden Polen" doch habe beeinflussen lassen.

Na, es bedarf hoffentlich keiner weiteren Erläuterung mehr, dass die Lenkradsicherung völlig fehl am Platze war und ich sie auch nach der ersten Nacht in Stettin auf Dauer in den Kofferraum verbannt hatte.

Dass Polen ein schönes, besuchenswertes Land ist, dass es freundliche Menschen beherbergt, ist jetzt keine verschämte Antwort auf den Vorspann, sondern nur die Benennung von Tatsachen.

Warschau kann man mit dem Zug von Berlin Ostbahnhof in etwa fünf Stunden erreichen. Ein Besuch lohnt sich sehr. Unweit des Hauptbahnhofs gelegen, ragt der Kulturpalast, im Baustil des *sozialistischen Klassizismus* errichtet, als Wahrzeichen weit in den Himmel. Die Altstadt, von den Deutschen im Zweiten Weltkrieg vollständig zerstört, wurde weitgehend originalgetreu wieder aufgebaut und ist UNESCO-Weltkulturerbe. Viele Mahnmale, Ehrenmale und Denkmale erinnern an Warschauer Ghetto, Warschauer Aufstand und Judenvernichtung.

Neben Warschau sind weitere Städte wert, besucht zu werden. Stettin, Danzig, Bromberg, Breslau, Posen – hier alle mit ihren deutschen Namen – und viele weitere gehören dazu. Zwei Ziele bleiben in jedem Fall für mich noch auf der „Must see"-Liste: *Krakau*, zweitgrößte Stadt Polens und alte Hauptstadt des ehemaligen Königreichs, und natürlich die Gedenkstätte *Auschwitz-Birkenau*.

Politik

Sucht man nach Sinnsprüchen über Politik und Politiker, wird man schnell und umfangreich fündig. Ich möchte es bei zwei Funden belassen. Auf Altkanzler Helmut Schmidt (1918 – 2015) geht der Ausspruch zurück: „Die Dummheit von Regierungen sollte niemals unterschätzt werden." Klingt verdammt aktuell. Und von Hannah Arendt (1906 – 1975) ist der Satz überliefert: „Politische Fragen sind viel zu ernst, um sie den Politikern zu überlassen."

Mein Versuch, beide Aussagen zu synthetisieren, führt zu folgendem Spruch: „Da die Anzahl der Politiker und derjenigen, die sich dafür halten, um Dimensionen größer ist als die Anzahl der politischen Probleme, die es zu lösen gilt, muss man eben im politischen Raum auch immer mit einigen Dimensionen an Dummheit rechnen."

Programmieren

Programmieren gehört zu den spannendsten Tätigkeiten, die der Homo culturalis (oder war es der Homo Faber?) erfunden hat. Ich habe mich beruflich und auch privat an zahlreichen Programmiersprachen versucht, manche tiefgehend studiert, andere nur an der Oberfläche berührt. Mit der eleganten Hochsprache *Swift*, die für die Apple-Welt erfunden wurde, kann man u. a. sehr schöne iOS-Apps erstellen. Mit *Visual Basic für Applications* von Microsoft (ja, leider ein Basic-Dialekt) habe ich mein Buchhaltungsprogramm geschrieben.

Meine neueste Errungenschaft ist die Sprache *Python*, die u. a. in der Web-Programmierung, aber auch in der KI Anwendung findet. Da ich keine Ahnung von Python, aber auch keine Lust hatte, mir die Sprache auf die „harte Tour" ($\rightarrow$ was Lesen bedeutet hätte!) beizubringen, habe ich mir die ersten Programme von der KI (ChatGPT) erstellen lassen, was erstaunlich gut funktionierte. Es sind dann immer noch ein paar eigene Handgriffe erforderlich gewesen, aber damit kommt man prinzipiell gut zurecht, wenn man Grundlagen der Programmierung kennt. Eine schöne Anwendung für die Python-Programme stellten die mathematisch-logischen Rätsel des *Zeit*-Magazins dar, deren Publikation mittlerweile leider eingestellt wurde.

Projektmanagement

Projekte sind als Organisationsform in dynamischen Umgebungen immer noch sehr en vogue. Beruflich hatte ich viele Jahre nicht nur selbst mit Projekten als Mitarbeitender oder Projektleiter zu tun, sondern habe mich auch mit dem Thema Projektmanagement theoretisch und praktisch befasst. Entstanden sind dadurch ein Buchbeitrag[37] sowie diverse schriftliche Lehrgänge zum Projektmanagement.

Schon zu Zeiten des Buchbeitrags (2005) betrachtete ich das Projektmanagement als „Lösung für alles", als das es oft angepriesen wurde, durchaus kritisch (siehe Buchtitel). Die Literatur zu dem Thema ist bibliothekenfüllend, und es kann bei vielen Anwendern der Eindruck entstehen, dass ohne Projektmanagement keine Aufgaben im Unternehmen zu bewältigen sind. Dies ist ein Fehlschluss. Oft geht es tatsächlich einfacher. Alltagsaufgaben mit Wiederholungscharakter, und diese sind zahlreicher als manche denken, erfordern eine effiziente Prozessorganisation, aber kein Projektmanagement. Und im Bereich der Informatik, der Informa-

---

[37] Kapitel 1, „Projekt – oder geht es auch einfacher?", in: Hans-Dieter Litke (Hrsg.), Projektmanagement. Handbuch für die Praxis. Konzepte – Instrumente – Umsetzung, München, Wien 2005.

tionssysteme oder Informationstechnik, sind viele Aufgaben alltäglich, so dass sich hier die voluminöse und komplexe Organisationsform des Projekts nicht immer anbietet. Selbstverständlich ist bei allen echten Innovationen und Neuerungen sowie bei Aufgaben ab einer gewissen Größe ein Projekt die geeignete Organisationsform. Es empfiehlt sich, bei zeitlich langlaufenden oder sehr kostenintensiven Aufgaben, anstatt eines Mega-Projekts mehrere kleinere Projekte sequentiell oder teilüberlappend zu organisieren, die jedes für sich besser zu steuern und zu kontrollieren sind.

Promotion

Eine Zeitlang war es mein großer Wunsch zu promovieren. Der Abbruch des Mathematikstudiums nach dem Vordiplom lag mir tatsächlich irgendwo im Magen und störte etwas. Mit dem nebenberuflichen Fachhochschuldiplom in Informatik kehrte kurz etwas Beruhigung ein, die später aber wieder verschwand. Der Plan war dann, mit einem universitären Master in einem betriebswirtschaftlichen Fach die Voraussetzung für eine Promotion zu erlangen. Leider war der dann erworbene Abschluss in „Business Marketing" nur 60 ECTS-Punkte wert anstatt der für den erstrebten Anschluss notwendigen 120 ECTS-Punkte. Und die beiden Professoren, die ich um ein Empfehlungsschreiben bat, reagierten nicht. (Oh, Mann! Wie tief wolltest du noch fallen?) Ergo: Aufgabe des Promotionswunsches für das gegenwärtige Leben. Stattdessen: Schreiben von sinnvollen

Sätzen, abgepackt in Texten. Ein Experiment mit noch offe-
nem Ausgang; eine Versuchsanordnung liegt hier vor ...

Provinz

„Deutschland besteht aus zwei Komponenten: Berlin und
Provinz."

Diesen Satz hätte ich noch vor kurzem mit Verve unter-
strichen. Heute sehe ich es etwas differenzierter. Es gibt ja
viele Länder, auf die dieser Satz ohne Einschränkung
zutrifft. Frankreich zum Beispiel mit der Überbewertung
von Paris. Auch UK (England) mit derselben Bedeutung
von London, oder Belgien und Brüssel, Dänemark und
Kopenhagen, usw. Aber nimmt man Italien als Gegenbei-
spiel, sieht es schon wieder anders aus, vielleicht so wie in
Deutschland: Rom so bedeutungsvoll wie Berlin, Mailand
so wie Hamburg oder München, Genua so wie Frankfurt
oder Düsseldorf.

Überhaupt sind die Übergänge zwischen Stadt und Land
ja nirgendwo so fließend wie in Deutschland mit seinen
zahlreichen Kleinst-, Klein-, Mittel- und kleinen Großstäd-
ten. Und für eine Abwertung der Provinz, wie sie vielleicht
in der Aussage am Beginn dieses Stichworts anklingt, gibt
es tatsächlich keinen Grund. Im Gegenteil. Eines unserer
großen Probleme der Zeit ist der *Gegensatz zwischen Stadt*
und Land. Die Wahrnehmung der Herausforderungen des
ländlichen Raums durch die Politik ist unterbelichtet. Ver-
kehrsinfrastruktur, Gesundheitsvorsorge, Pflege, kulturelle
und soziale Einrichtungen, an fast allem herrscht in länd-

lichen Regionen eine signifikante Unterversorgung. Wenn die Probleme weiter unbehandelt liegen gelassen werden, wird das zu einer echten – und gegebenenfalls gefährlichen – Spaltung der Gesellschaft führen.

Qualia

Unter Qualia versteht man das subjektive Empfinden (Erleben) auf Sinnesreize. Wissenschaftlicher formuliert, handelt es sich um den subjektiven Erlebnisgehalt mentaler Prozesse im Zusammenhang mit den auslösenden physiologischen Reizen (Wikipedia).

Betrachten zwei Menschen z.B. die gleiche rote Fläche, empfinden sie jeweils Verschiedenes. Nicht gemeint ist hiermit die individuelle Kontextualisierung des Rot-empfindens, wenn beide ganz verschiedene Erfahrungen mit roten Gegenständen gemacht haben und diese Erfah-rungen beim Betrachten der roten Fläche assoziativ mitschwingen. Vielmehr ist gemeint, dass, obwohl beide die Frage, was sie sehen, identisch mit „eine rote Fläche" beantworten und wohl auch übereinstimmend angeben werden, dass es sich um ein mittleres Rot oder ein Bordeaux-Rot oder Ähnliches handelt, sie dennoch die „Röte des Rot" ganz unterschiedlich *empfinden*. Beim einen wird sein Rotempfinden vielleicht einen etwas „blaueren" Stich haben als das Rotempfinden des anderen. Letztlich wissen wir überhaupt nicht, was jemand empfindet, der beispielsweise eine rote Fläche betrachtet. Und dies ohne die Fälle physiologischer Abweichungen wie sie z.B. bei Synästhesie oder Farbenblindheit vorkommen. Eben das macht das Subjektive an Qualia aus.

Querdenken

Früher, vor Corona, war der Begriff Querdenken – auch als *laterales Denken* bezeichnet – ein Begriff, der Kreativität ausdrückt. Er geht auf den maltesischen Kognitionswissenschaftler Edward de Bono (1933 – 2021) zurück. Ein berühmtes und einprägsames Beispiel für solche Art Querdenken stellt die Entdeckung der Summenformel durch den Mathematiker Carl Friedrich Gauß (1777 – 1855) dar. Es geht die Legende, dass Gauß als Schüler damit konfrontiert war, die Summe der Zahlen von 1 bis 100 zu berechnen. Während seine Mitschüler begannen, zu summieren: $1 + 2 = 3, + 3 = 6, + 4 = 10$, usw., überlegte Gauß und fand einen anderen Ansatz. Er stellte fest, dass die Summe aus der ersten und der letzten Zahl, 1 und 100, genauso groß ist, wie die Summe aus der zweiten und der vorletzten Zahl, 2 und 99, nämlich 101. Und so ging es weiter, immer kam aus der Summe der zwei Zahlen aus der aufsteigenden und absteigenden Folge 101 heraus. Insgesamt gibt es 50 solcher Summen. Daraus konnte Gauß für die Summe der ersten einhundert Zahlen das Ergebnis leicht errechnen zu: $50 \times 101 = 5050$. Mehr noch, als die Mitschüler noch unter den laufenden Additionen stöhnten, vielleicht waren manche gerade erst bei 25 angekommen, konnte Gauß dem verdutzten Lehrer nicht nur das Ergebnis der konkreten Aufgabe mitteilen, sondern zugleich die allgemeine Formel für die Summe der ersten n Zahlen, nämlich $n \times (n + 1) / 2$.

So weit das Beispiel zum „echten" Querdenken. Seit Corona haben sich Verschwörungstheoretiker des Begriffs bemächtigt und missbrauchen ihn für ihre Demokratieverachtung. Würden sie nur für Sekunden zu echten Querdenkern, würden sie ihren Missbrauch erkennen. Aber das wäre eine intellektuelle Leistung, zu denen sie offenkundig auch heute noch nicht in der Lage sind ...

R

Rassismus

Rassisten haben wenig verstanden. Sicher ist, dass ihnen niemand beigebracht hat, dass es keine Rassen der Art *Homo sapiens* gibt. Nun, das wäre das kleinere Übel. Vielleicht gelänge es einem Superpädagogen, ihnen dieses kleine Stück Wissen beizubringen. Wesentlicher ist ihre Ignoranz der *Kontingenz* ihrer eigenen Existenzbedingungen gegenüber. Da sie sich nicht selber auf die Welt gebracht haben, ist Ort und Zeit dieses Geschehens auch für Rassisten, wie für alle Menschen, vollkommen zufällig. Ein weißer Rassist könnte also vielleicht sagen: „Ach, wie gut, dass ich als weißer Mensch geboren bin." Wenn er dies aber sagte und Verstand hätte, würde er sich unmittelbar des Widersinns dieses Satzes bewusst werden. Leider wird er es nicht ...

Religion / Religionen

Religionen, von lat. *religio*, nach *religare* („zurückbinden")
oder auch *relegere* („sorgsam beachten"), stellen eine
beachtliche Kulturleistung dar, betrachtet man allein ihre
räumliche und zeitliche Verbreitung. Kaum eine
geschichtliche Epoche ohne Religion, kaum ein Winkel in
der Welt, in der nicht eine oder mehrere Glaubens-
richtungen vorzufinden sind; keine Revolution, kein Krieg,
nicht die Aufklärung, weder Moderne noch unsere
postmoderne Zeit haben den Religionen der Welt etwas
anhaben können. Im Gegenteil. Trotz stark rückläufiger
Mitgliederzahlen der christlichen Konfessionen in weiten
Teilen der westlichen Welt nimmt der *religiöse Fundamentalismus* in fast allen Religionen in den letzten Jahren und
Jahrzehnten stark zu, nicht nur in den *abrahamitischen*
(monotheistischen) Religionen (hier in der Form von
evangelikalem Fundamentalismus, Islamismus, jüdischer
Ultraorthodoxie, u. a. m.), sondern auch in den –
offenkundig verfehlt als „friedlich" apostrophierten
Religionen – Hinduismus und Buddhismus. Vielfach ist der
religiöse Fundamentalismus kombiniert mit ethnischen und
nationalistischen Erscheinungsformen (z.B. „Hindu-Natio-
nalismus"), und in der Folge den manifesten Ausschlüssen
anderer Ethnien, Nationen, Weltanschauungen und sogar
selbst den liberaleren Fassungen der jeweils gleichen
Religionen.

Nun kann man die oft mit Gewalt unterlegten
fundamentalistischen Erscheinungsformen der Religionen
als reine Auswüchse bezeichnen, die es in anderen

Weltanschauungen ebenfalls gibt (z.B. Stalinismus als extremistische Ausprägung des Kommunismus/Marxismus). Meines Erachtens ist der religiöse Fundamentalismus allerdings *systemisch*, eben in der Religion, in den Religionen selbst angelegt. Dies zu erörtern erforderte eine eigenständige Untersuchung und würde daher den Rahmen der vorliegenden Ausführungen sprengen.

Aber auch ohne Fundamentalismus ist Religion, sind Religionen ein Problemfall. Warum?

Seit es Religionen gibt, gibt es auch Religionskritik. Und zu allen Zeiten haben sich praktisch alle namhaften Philosophen kritisch mit Religion auseinandergesetzt. Feuerbach sieht den Gottesglauben als „menschliche Selbstprojektion", Nietzsche und Freud diagnostizieren den religiösen Glauben als „Neurose". Kant sieht in seiner „Kritik der reinen Vernunft" keinen Platz für den Glauben und verweist ihn an die „praktische Vernunft". Die Beispiele lassen sich leicht beliebig fortführen, Religionskritik füllt ganze Bibliotheken.

Jede dieser Kritiken, im europäischen Raum vornehmlich als Kritik am Christentum adressiert, hat ihre Berechtigung. Drei wesentliche Aspekte möchte ich herausheben, sie bilden den Kern *meiner persönlichen Kritik*.

Religion wendet sich von der gegebenen irdischen Realität ab und einer *transzendenten* Vorstellungswelt zu. Die „Rückbindung" (*religare*) an *Gott* oder „das Heilige" bzw. die „sorgsame Beachtung" (*relegere*) der Regeln und Gebote der Religion bindet Kräfte (Ressourcen), die für die Änderung misslicher Umstände in der realen Welt nicht zur

Verfügung stehen. Letztlich findet der religiöse Mensch Hoffnung bzw. Trost im Transzendenten, sei es im buddhistischen *Nirwana* oder in christlicher *„Auferstehung"* und *„ewigem Leben"*. Selbst wenn der Glaubende überzeugter Demokrat, Umweltaktivist, Sozialrevolutionär oder Kämpfer für Menschenrechte und Pressefreiheit ist, wird er, ermüdet durch den Kampf um eine gerechte und gesunde Welt, darauf vertrauen, dass es eine höhere Instanz gibt, die irgendwann für eine ausgleichende Gerechtigkeit sorgen wird. Diese Hoffnung kann der Skeptiker oder Nicht-Religiöse nicht teilen. Die Art des religiösen Umgangs mit den Unwägbarkeiten des irdischen Daseins bezeichnet Hermann Lübbe treffend als „Kontingenzbewältigungspraxis"[38].

Alles Religiöse ist tabu-behaftet.
An und für sich ist Religion eine persönliche, private Angelegenheit. Bliebe sie es, wäre nichts zu diskutieren und dieser kleine Essay wäre überflüssig. Allerdings beanspruchen alle Religionen gesellschaftliche Wahrnehmung und bringen sich in soziale, politische und ökonomische Fragestellungen und Diskussionen ein. Hier üben sie zum Teil heftige Kritik und verteidigen ihre Standpunkte mit den Mitteln, welche ihnen die staatlichen Rahmenbedingungen zugestehen. Und diese sind großzügig, sowohl in Demokratien („Freiheit der Religionsausübung") wie natürlich noch ausgeprägter in den Staaten,

---

[38] Hermann Lübbe, Religion der Aufklärung, Graz, Wien, Köln 1986; hier zitiert nach Metzler Philosophie-Lexikon, Stichwort Religion, Stuttgart 1999.

die sich explizit als religiös fundiert definieren (z.B. der Iran als „schiitischer Gottesstaat") oder implizit so verstehen (u. a. Indien, Türkei, in gewissem Sinne auch die USA).

Zugleich verbieten sich die Religionen aber jegliche (Fundamental-) Kritik an ihnen und ihren Grundlagen. Hier greift dann der Trick mit dem Tabu: man führt aus, dass die Gefühle der Gläubigen durch solche Kritik verletzt werden, egal ob die Kritik an Entstehung und geschichtlicher Entwicklung, an den „heiligen Dingen" (Schriften, Rituale, Menschen, „höchste Wesen") oder eben an der gesellschaftlichen Einflussnahme der Religionsvertreter ansetzt. Häufig wird Kritik heute selbst in säkularen Gesellschaften wie Deutschland durch eine „Schere im Kopf" verhindert, mit der Folge, dass viele potentielle Kritiker sich selbst von vornherein jede kritische Auseinandersetzung mit der Religion verbieten.

Das größte Problem mit der Religion stellt in meinen Augen aber die *frühkindliche Sozialisation*, oder deutlicher: *Indoktrination*, dar. Die eben beschriebene „Schere im Kopf" erwachsener verhinderter Religionskritiker wird durch sie in den jungen Menschen implantiert, je nach Religion unterschiedlich, aber getreu dem Motto „je früher, desto nachhaltiger und wirkungsmächtiger". Rituale, wie die Taufe, Beschneidung, Upanayana (vedisch, hinduistisch), u. a., sind gedacht, um sehr früh eine Bindung zur Religion herzustellen, eine Bindung, die dem erwachsen gewordenen das drohende Markus-Wort der Bibel zuruft: „Wer da glaubt und getauft wird, wird errettet werden; wer aber nicht glaubt, wird verdammt werden"

(Markus 16,16). Im weiteren Lauf des Lebens braucht es dann nicht viel mehr als ein wenig „Auffrischung" (bei den Christen durch Firmung, Konfirmation, Gottesdienstbesuche, Messdienerschaft, Religionsunterricht, Knabenchor, etc.), um die frühkindlich im Hinterkopf verankerte *Hoffnung auf Erlösung* und *Strafandrohung bei Verweigerung* stabil zu halten. Damit wird jede fundamentale Kritik an der erlernten Religion wirkungsvoll verhindert. Pointiert gesagt, kann man die (früh-)kindlichen Rituale der Religionen nur *Gewalt gegen die kindliche Seele* nennen.

Ja, Religion ist „das Opium des Volkes"; seine Anwendung wird früh im Leben verordnet, um Abhängigkeit entstehen und die sedierende Wirkung sich über die gesamte Lebensspanne entfalten zu lassen. Es erscheint den Religionen offenkundig als zu riskant, die Mitgliedschaft erst im erwachsenen Alter mit der dann vorhandenen Reife und mit bewusster Entscheidung treffen zu lassen.

Neue Bedeutung der Religion nach der Zuwanderung aus dem muslimischen Kulturraum

Interessant ist, wie sich in Deutschland die Bedeutung von Religion im Zuge der Migration von Menschen aus dem muslimischen Kulturraum seit dem Schlüsseljahr 2015 entwickelt bzw. verändert hat.

Zum einen ist natürlich mit der Migration ein Zuzug von in der Mehrheit religiösen Menschen, vornehmlich aus dem islamischen Kulturraum, verbunden. Dies war in quantitativer Hinsicht für Deutschland neu, denn obwohl

199

der christliche Lobbyismus nach wie vor stark ausgeprägt war und ist, war und ist der Rückgang an Religiosität in der Mehrheitsgesellschaft signifikant. Die anfänglich überaus tolerante Aufnahme der neuen Zuwanderer im politischen Diskurs („Willkommenskultur", „der Islam gehört zu Deutschland") wurde von den christlichen Kirchen genutzt, um Religion allgemein – und selbstverständlich primär die christliche Agenda – erneut und nachdrücklich ins öffentliche Bewusstsein zu befördern. Leider durchkreuzt die anhaltende Debatte um die sexualisierte Gewalt an Kindern in den Kirchen das kirchliche Marketing in eigener Sache auf dem Rücken der Zuwanderung. (Zum Christentum vgl. den Text zum gleichnamigen Stichwort.)

Religionsunterricht

In Deutschland ist der Religionsunterricht an öffentlichen Schulen gemäß Grundgesetz ordentliches Lehrfach. Dieses Relikt aus vergangenen Zeiten wurde dem Verfassungsgesetzgeber seinerzeit durch die Kirchen oktroyiert. Es ist reif für den Gnadentod. Allerdings war die parlamentarische Versammlung so schlau, ein kleines Hintertürchen in die Norm aufzunehmen, denn der erste Satz von Artikel 7, Absatz 3 lautet: „Der Religionsunterricht ist in den öffentlichen Schulen *mit Ausnahme der bekenntnisfreien Schulen* ordentliches Lehrfach [Hervorhebung, CC]."

Obwohl der Begriff der „bekenntnisfreien Schulen" grundgesetzlich nicht definiert ist, sieht der Artikel doch für die säkulare Schulpolitik die Möglichkeit vor, staatliche

Schulen ohne staatlichen Religionsunterricht zu betreiben. Und dies sogar als Regelschulen, wie man unter https://weltanschauungsrecht.de/bekenntnisfreie-schulen nachlesen kann. Dies setzt natürlich eine entsprechende Schulpolitik voraus, zu denen sich die Länder durchringen müssten.

Ansonsten bleibt die Frage, ob der Artikel in seiner jetzigen Form nicht gegen andere Verfassungsgrundsätze verstößt, insbesondere gegen die Neutralität des Staates in Weltanschauungsfragen, wie es u. a. in Artikel 140 Grundgesetz in Verbindung mit Artikel 137 (1) Weimarer Reichsverfassung verfügt ist („... keine Staatskirche ...").

Meiner Meinung nach *muss* der Religionsunterricht an staatlichen Schulen abgeschafft und durch das Fach Philosophie als nicht abwählbares Pflichtfach ersetzt werden (vgl. den Text unter dem Stichwort „Philosophie").

Rheinland-Pfalz

Als „Bindestrichland" teilt Rheinland-Pfalz mit Mecklenburg-Vorpommern, Sachsen-Anhalt, Schleswig-Holstein, Baden-Württemberg und Nordrhein-Westfalen ein ähnliches Schicksal, nämlich das einer heterogenen „landsmannschaftlichen" Struktur. Preußen, Bayern und Hessen-Darmstadt waren die „Mütter" oder „Väter" des Landes, als es 1946 aus der Taufe gehoben wurde.

Rheinland-Pfalz ist ländlich geprägt, die größte Stadt Mainz ist zugleich Landeshauptstadt, ein Kompromiss, der sowohl die Rheinländer als auch die Pfälzer in gleichem

Maße ärgerte; also offenbar ein recht guter Kompromiss. Eine Auffälligkeit des Landes besteht in der Anzahl der selbstständigen Gemeinden, die mit rund 2.300 mehr als 20 Prozent aller Gemeinden in Deutschland ausmachen.

Die beiden großen Kirchen spielen in Rheinland-Pfalz eine beachtliche Rolle. Allein fünf katholische Bistümer und drei Landeskirchen sind im Land aktiv. Wie in allen Bundesländern sind auch in Rheinland-Pfalz „kirchliche Büros" regierungsnah (in Mainz) platziert, die ihre Kontakte zur Ministerialbürokratie nutzen, um Lobbyarbeit für ihre Kirchen zu leisten. Alle bisherigen Ministerpräsident:innen pflegten einen engen Kontakt zu den Kirchen. Die vor kurzem zurückgetretene Ministerpräsidentin Marie Luise „MaLu" Dreyer hatte vor ihrem Jurastudium ein Studium der katholischen Theologie begonnen. Und „selbstverständlich" findet zu Beginn jeder Legislaturperiode ein ökumenischer Gottesdienst für Regierungsmitglieder und Parlamentarier statt. Bei so viel kirchlichem Beistand glückt auch die Landespolitik ... (vielleicht)

Russland

Meine Mutter ist in der Stadt Gumbinnen im ehemaligen Ostpreußen geboren. Heute heißt Gumbinnen Gussew und liegt in der Oblast Kaliningrad (Königsberg), die zu Russland gehört und auf dem Landweg nur über Litauen oder Polen zu erreichen ist. Wenn meine Mutter heute noch leben würde und ihre Geburtsstadt besuchen wollte, würde sie vermutlich dort als Russin festgehalten. (Vgl. auch den Text

unter dem Stichwort „DDR".) Nüchtern betrachtet, verfüge
ich also auch über russische Gene ... ;-)

Kann man diesem Land in ein paar Zeilen gerecht werden?
Natürlich nicht. Dennoch drängt es mich danach, ein paar
Gedanken auch vor dem Hintergrund der aktuellen Situation zu formulieren. Mit der Ausnahme einer kurzen Reise
nach St. Petersburg im Jahr 2014 (s. dort) war ich noch nie
in Russland. Und dennoch ist einem das Land nicht unvertraut. Man kennt ein wenig von der bewegten Geschichte,
man kennt ein paar Schriftsteller, Musiker, Maler, Politiker,
Prominente. Aber natürlich kennt man keine „normalen"
Menschen, weder in den Städten noch im gewaltig großen
ländlichen Raum. Und daher verbieten sich alle stereotypen
Zuschreibungen, die man irgendwo, aus welchen Quellen
auch immer, aufgeschnappt hat. Etwa das Stereotyp, dass
russische Männer „generell" gewalttätiger sind als andere,
und ähnliche mehr. Vielmehr sollten wir gerade jetzt, wo
der russische Angriffskrieg auf die Ukraine immer noch
anhält, auch mit Russland – als Gemeinschaft der russischen Bürgerinnen und Bürger – Solidarität im Sinne einer
Solidarität von Mitmenschen zu Mitmenschen an den Tag
legen. Selbstverständlich kommt diese Solidarität der derzeitigen russischen Regierung nicht zu, aber den Menschen
im Lande durchaus. Und ich bin sicher, dass die russischen
Familien genauso um ihre gefallenen Söhne trauern wie die
ukrainischen, auch wenn die russischen Soldaten sich an
einem brutalen Angriffskrieg beteiligen.

Es bleibt zu hoffen, dass die Russinnen und Russen die
Kraft aufbringen, sich eines Tages von der Diktatur des

Regimes zu befreien und mit allen europäischen Ländern zusammen das europäische Haus weiterbauen.

Irgendwann, es muss etwa in Klasse 8 oder 9 gewesen sein, habe ich für vielleicht drei, vier Monate an der Russisch-AG am Gymnasium teilgenommen. Ich habe keine Erinnerung, was mich dazu motiviert hatte. Vielleicht war es eine versteckte Sehnsucht nach russischer Weite ... Hängengeblieben vom Unterricht ist praktisch nichts mehr, bis auf ein Wort: carandasch, das Bleistift bedeutet ...

S

Sankt Petersburg

Im Jahr 2014 besuchten meine Frau und ich die Stadt an der Newa. Sankt Petersburg ist mit fünfeinhalb Millionen Einwohnern die zweitgrößte Stadt Russlands und die nördlichste Millionenstadt der Erde.

Trotz großer Erwartung waren wir von unserem Besuch doch recht enttäuscht. Die Stadt ist extrem laut, viel lauter als Berlin, und das will schon etwas heißen. Natürlich gibt es Sehenswürdigkeiten, viel zu zahlreich für einen Besuch von fünf Tagen, aber viele Museen platzten regelrecht von Besuchern aus allen Nähten. In der Eremitage war es schon schwierig, im Eingangsbereich überhaupt den Zugang zum Museum zu finden; es waren dort gefühlt tausend Menschen unterwegs. Die schönen Treppenaufgänge mit den roten Teppichen waren vor lauter Besuchergruppen praktisch nicht zu erkennen ... und draußen regnete es in Strömen ...

Was mir völlig gegen den Strich ging, war der Umstand, dass es in der gesamten Stadt nicht eine einzige ausländische Zeitung gab. Weder am Hauptbahnhof, noch am Flug-

205

hafen sind wir fündig geworden. Ausnahmslos russische Zeitungen.

Vielleicht hatten wir mit unserem Besuch auch einfach nur Pech gehabt ...

Sankt Petersburg hieß bis zum Jahr 1991 noch Leningrad. Leningrad, nach dem legendären Staatsgründer der Sowjetunion benannt, war eines der Opfer des deutschen Vernichtungskriegs ab 1941, das am stärksten betroffen war. Etwa eine Million Zivilisten kamen ums Leben, als die Wehrmacht auf Hitlers Befehl die Stadt von jeglicher Versorgung abschnitt.

Schreiben

Schreiben ist nicht die schönste, aber eine spannende Beschäftigung. Und anstrengend. Egal, ob Sachbuch oder Roman, Schreiben beansprucht Verstand, Gemüt, Körper und Seele – Letzteres sofern vorhanden –, und alles irgendwie gleichzeitig. Und Schreiben kann zumindest zeitweise unendlich frustrieren. Schreibblockaden, wenig originelle Ideen, unelegante Formulierungen und viele andere Quellen des Teufels quälen die fragile Schreibernatur. Kreative Pausen helfen manchmal, keineswegs immer. Für den Sachbuchautor / die -autorin sind die Fuß- oder Endnoten, mit denen die Qualität und die Quellen der Aussagen belegt werden, eine rechte Plage. Wie man es auch macht, ob man jede Fußnote unmittelbar beim Verfassen des Textes komplettiert oder zunächst nur per Kurzreferenz separat aufnimmt und nach Textrohfassung vervollständigt, es ist Knochenarbeit. Die Gestaltung des Plots eines Romans mit seinen Verästelungen, Überlappungen, Zeitsprüngen, usw. und die detaillierte Charakterzeichnung der handelnden Figuren ist eine Sisyphos-Arbeit.

Nein, Schreiben ist eine schweißtreibende Angelegenheit. Und dennoch, hat man einmal damit angefangen, möchte man es nicht so schnell wieder aufgeben. Und natürlich ist es eine Freude, wenn man sein fertiges Buch in der Hand hält, oder – davon träume ich noch – in einer guten Buchhandlung im Regal stehen sieht.

Schweiz

Die Schweiz ist ein Kuriosum in Europa. Vollkommen umzingelt von lauter Ländern der Europäischen Union (Liechtenstein zählt hierbei nicht mit), ist ein Anschluss des Landes an die EU nicht absehbar und wahrscheinlich auch unmöglich. Und das in einem multinationalen Staat, der mit seinen vier Kultur- und Sprachräumen geradezu Vorbild für Integration sein könnte. Ein Vorbild, an dem sich andere EU-Staaten durchaus ein Beispiel nehmen könnten.

Sicher, nicht alles ist perfekt in der Schweiz. Die Italoschweizer im Tessin fühlen sich oft übergangen und im Nationalrat unterrepräsentiert. Und die Graubündner („Bündner") rätoromanischen Muttersprachler sind um den Bestand ihrer Sprache besorgt. Aber alles in allem – und aus der Außenperspektive! – ist der Schweiz die

Zusammenführung der sehr heterogenen Kulturen gut gelungen.

Die landschaftlichen Vorzüge der Schweiz bedürfen wohl keiner besonderen Erwähnung. Berge, Seen und Flüsse, Wiesen und Almen, unbeschreiblich schöne Landschaften liegen eng beieinander. Die Schweizer Bergbahnen sind einmalig auf der Welt. Der Blick von Zermatt auf das Matterhorn hat schon manchen Bergtouristen zur lebensbedrohlichen Überschätzung seiner Kräfte verführt, manchmal mit letalem Ausgang. Die Bundesstadt Bern mit ihrer Altstadt, den Laubengängen und der Zytglogge ist mehr als einen Besuch wert. Dasselbe gibt für viele andere Städte der Schweiz. Aber auch abseits der größeren Städte ist die Schweiz unvergleichlich. Ein Abstecher an den Sempacher See bei Sursee lohnt sich ebenso wie eine Sesselliftfahrt in der Lenzer Heide oder eine Wanderung am Silser See in Sils Baseglia.

„Ihr Schweizer macht alles richtig, wenn ihr noch ein wenig freundlicher zu den Menschen seid, die Schutz in eurem schönen Land suchen (nicht jede „Ausschaffungsinitiative" ist gut ...), egal ob ihr euch eines Tages für die Europäische Union entscheidet oder nicht."

Seele

Bei einem Korkenzieher bezeichnet die „Seele" den Hohlraum im Innern der Spindel. *Diese* Seele ist also praktisch nicht vorhanden bzw. nur ein gedachter Raum ohne Inhalt.

Ist die menschliche Seele gleichfalls ein Hohlraum im Innern des Körpers, des Geistes? Also auch nicht „substantiell" existent?

Wir wissen es nicht. Zu hoffen ist, dass uns – ob mit oder ohne Seele – die Moral nicht abhanden kommt ...

Selbstbehauptung

Dieses Buch ist definitiv kein Ratgeberbuch. Ich kann Ratgeberbücher nicht leiden. Dennoch: Ich habe ein Bild vor Augen, das in schwierigen Lebenslagen vielleicht helfen kann. Das Bild ist das vom Kopf, den man immer oben haben muss; „Behalte den Kopf immer oben", wäre die dazu passende Aufforderung. Das ist gleichbedeutend damit, jederzeit Herr oder Frau der Lage zu sein, niemals darf „die Lage" regieren. Ob es helfen kann?

Sinn des Lebens

Der Sinn des Lebens besteht darin, zu *leben*! Dies mag sich trivial anhören, ist es aber nicht. Leben bedeutet Freiheit und zugleich Verantwortung, Kür und zugleich Pflicht, Freude und zugleich Trauer, Komödie und zugleich Tragödie, Glück und zugleich Unglück, und noch anderes mehr. Auch überlagert sich im Ausdruck *Leben um des Lebens willen* die allgemeine Sichtweise auf das Leben auch mit der individualisierten, in der sich die Vielfältigkeit der individuellen Existenz beschreiben lässt: Die Nicht-planbarkeit des Lebens, seine Unwägbarkeiten sind das „Salz" des Daseins. Das Leben bietet jeden Tag Neues, neue Menschen, neue Erfahrungen, neue Erkenntnisse, neue Gelegenheiten der Sinngebung, sicher aber auch alte Leiden, bekannte Lasten, anhaltende Traurigkeit. Das alles und sicher noch mehr macht in Summe den Sinn des Lebens aus.

Für diese „Sinngebung" braucht es keine Metaphysik, keine weitschweifende Philosophie, keine Theologie und schon gar keine Religion. Der Mensch ist sein eigener Gesetzgeber (Kant) und also sein eigener Sinngeber. Mensch, lebe!

Sozialismus

Leider sind alle Versuche des Aufbaus von Gesellschaften, die nach dem Prinzip „jedem nach seinen Bedürfnissen" organisiert sind, letztlich erfolglos geblieben, einige haben zahlreiche Opfer verursacht. „Den Sozialismus in seinem Lauf halten weder Ochs noch Esel auf", war Erich Hone-cker überzeugt. Und er hat Recht behalten. Kein Ochs und kein Esel waren es, die den Sozialismus aufhielten, es waren die Amerikaner und der Westen. Sozialistisch am vielversprechendsten war meines Erachtens die Kibbuz-bewegung in Israel. Aber auch diese ist letztlich an öko-nomischen Zwängen gescheitert.

Es gibt kein sozialistisches Leben im „falschen", keinen Sozialismus, der vom Kapitalismus umzingelt ist.

SPD

Zwischen 1994 und 2002 war ich Mitglied in der Partei. Meiner Erinnerung nach war es der Afghanistan-Einsatz der Bundeswehr („Deutschlands Sicherheit wird auch am Hindukusch verteidigt ..."), der mich zum Austritt bewogen hat. Eingetreten bin ich wegen der Mitarbeit im Gemeinderat in der Gemeinde Klein-Winternheim, wo ich seit 1986 wohnte.

Eigentlich ist die SPD *die* repräsentative Partei in Deutschland. Als Vorläuferpartei 1869 gegründet, hat sie die deutsche Geschichte seit der Reichsgründung 1871 bis heute mitgeprägt.

Was stellt die Partei heute dar? Schwer zu beantworten. Das Programm der sich selbst als „Programmpartei" beschriebenen Partei gibt nicht viel her, da die Realität der auf Regierungsbeteiligung „abonnierten" SPD wenig Profil erkennen lässt. Einzig das Bürgergeld – vormals „Hartz IV" – ist eindeutig mit dem Namen der Partei verbunden. Die heute aktiven Politiker an der Spitze der SPD erscheinen – mit wenigen Ausnahmen – so blass und unauthentisch, dass man sie leicht auch beliebigen anderen Parteien zuordnen könnte. Es gibt keine Politiker mehr wie Otto Wels, Kurt Schumacher, Willy Brandt, Herbert Wehner, Helmut Schmidt. Auch an den Genannten gab es mitunter viel zu kritisieren, aber sie boten dafür wenigstens eine Angriffsfläche; heute bietet niemand mehr eine solche ...

Staat

Der seit langem am häufigsten zitierte Satz zum Staat ist das sogenannte *Böckenförde-Diktum*. Der Staatsrechtler Ernst-Wolfgang Böckenförde (1930 – 2019) formulierte in seinem Werk „Recht, Staat, Freiheit. Studien zur Rechtsphilosophie, Staatstheorie und Verfassungsgeschichte"[39]: „Der freiheitliche, säkularisierte Staat lebt von Voraussetzungen, die er selbst nicht garantieren kann." Der Satz wurde vielfach so interpretiert, dass es eines besonderen „Kitts" bedarf, um einen Staat als Staat am Leben zu erhalten. Besonders die Kirchen haben immer betont, dass sie ja diejenigen Institutionen sind, die diesen Kitt in Form christlicher Religion verfügbar machen und „selbstlos" der Gesellschaft anbieten. Leider haben die Kirchen die Rechnung ohne ihre „Schäflein" gemacht, die den Kirchen in Scharen davonlaufen wegen allerlei Skandale und einem Zurückbleiben hinter den Werten der Aufklärung. Da schmolz er hin, der kirchliche Kitt ...

Es waren aber noch in keinem Staat „dritte Mächte", die für den wohlgemerkt *freiwilligen Zusammenhalt* sorgten. Immer kam und kommt es darauf an, dass die Mehrheit der Staatsbürger:innen aus Überzeugung „ja" sagt zu diesem Staat. Und da kann „der Staat" mit seinen Institutionen, die über eine perfekte Administration verfügen, und die Parteien, die in Regierungsverantwortung und Opposition eine erstklassige Politik machen, mehr beitragen, als Böckenförde ahnte.

---

[39] Frankfurt am Main 1991.

Staatsleistungen

Ist es möglich, dass der deutsche Staat (die Bundesländer) Zahlungen an die beiden großen Kirchen leistet, die auf Vorgängen beruhen, die zum Teil vor mehr als vierhundert Jahren stattfanden?

Ja, es ist möglich, und die zahlenden Länder möchten diese Zahlungen am liebsten bis zum Ende aller Zeiten, also zum Beginn des jüngsten Gerichts weiter entrichten. Vielleicht verstehen die Länderchefs diese Aufwendungen als eine Art „Ablass", der ihnen später „am Tag des Herrn" Vorteile verschafft.

Die heutigen Ansprüche auf Staatsleistungen gehen auf Besitzübergänge zurück, bei denen kirchliches Vermögen in die Verfügungsgewalt der feudalen Fürsten gelangte. Dies geschah bereits während der Reformation und kulminierte im Rahmen der sogenannten *Reichsdeputation* mit ihrem Hauptschluss im Jahr 1803. Die als *Säkularisationen* bezeichneten Vermögenstransfers liegen also sehr lange zurück und datieren aus einer Zeit, in der an Deutschland nicht zu denken war und das „Heilige Römische Reich" einen Flickenteppich aus annähernd tausend selbstständigen Herrschaftsbereichen darstellte.

Die Reichsdeputation verfügte als Ausgleich für die Herrschafts- und Vermögensverluste der Bischöfe und Domherren eine Art „Rente" auf Lebenszeit. Als im 19. Jahrhundert die während Reformation und Reichsdeputation nicht von Vermögensverlusten betroffenen Pfarreien in finanzielle Schwierigkeiten gerieten, sprangen die Fürsten ein und unterstützten „notleidende" Pfarrer und Pfarreien *freiwillig* (!) aus Staatsgeldern.

Beide Umstände, die „Leibrenten" für das Personal der Domkirchen und die Unterstützung in Not geratener Pfarreien bildeten letztlich die Rechtfertigung für die Fortsetzung der Zahlungen auch im 20. Jahrhundert. Und dies, ohne die genauen Eigentumsverhältnisse zu klären, die Grundlage der Vermögensverluste im Zuge der Säkularisationen waren.

Die Politiker des Weimarer Reichs wollten im Rahmen der Schaffung einer demokratischen Verfassung eine klare Trennung von Staat und Kirche insbesondere in allen finanziellen Belangen umsetzen. Daher wurde mit dem Artikel 138 der Reichsverfassung verfügt, „Die auf Gesetz, Vertrag oder besonderen Rechtstiteln beruhenden Staatsleistungen an die Religionsgesellschaften werden durch die Landesgesetzgebung abgelöst." Die Versuche, die Ablösung der Staatsleistungen noch in der Weimarer Zeit umzusetzen, scheiterten allerdings. Da der Parlamentarische Rat, der das Grundgesetz entwarf, sich über den Themenkomplex Staatsleistungen nicht einigen konnte, blieb als Kompromiss nur die 1:1-Übernahme des Artikels aus der Weimarer Reichsverfassung (über den Grundgesetz-Artikel 140). So kommt es zur Situation, dass ein Auftrag der Verfassung seit nunmehr 105 Jahren nicht umgesetzt wird.

Die derzeitige („Ampel"-) Regierung hat sich die Ablösung der Staatsleistungen auf die Fahnen geschrieben, denn der Bund muss ein Rahmengesetz erlassen, damit die Länder eine Grundlage für die Ablösung haben. Da die Länder aber befürchten, dass die Ablösung von ihnen so hohe finanzielle Beträge erfordert, dass sie diese nicht stemmen könnten, ist zu erwarten, dass ein Rahmengesetz des Bundes den Ländern nur wenige Vorschriften für die eigentliche Ablösung machen wird. Als Konsequenz ist darüber hinaus anzunehmen, dass es zu keiner wirklichen Ablösung und damit Entflechtung der finanziellen Staat-Kirche-Beziehungen kommen wird, sondern die Staatsleistungen bis ad infinitum weitergezahlt werden. Die Kirchen wird's freuen.

Allerdings beruht die Einschätzung, dass eine Ablösung ein teures Unterfangen darstellt, auf einer juristischen Mehrheitsmeinung, die erkennbar deutlich kirchenfreundlich ist, oder böse formuliert: von den Kirchen in die juristische Feder diktiert wurde. Wenn der Staat seit mehr als 100 Jahren seinen Ablöseauftrag nicht erfüllt hat, sondern verfassungswidrig Milliarden Euro an Staatsleistungen an die Kirchen entrichtet hat, dann ist die Ablösung de facto nicht nur längst vollzogen, sondern ganz im Gegenteil: man könnte mit juristischer Findigkeit die Kirchen zu Rückzahlungen verpflichten. Aber so säkular ist unser Staat leider nun doch nicht.

Stanwyck, Barbara

Die Schauspielerin Barbara Stanwyck (1907 – 1990) ist für mich die *Femme fatale* des amerikanischen Kinos. Ihre Rolle im Film „Frau ohne Gewissen" (1944, Regie: Billy Wilder) als skrupellose „Phyllis Dietrichson", die den in sie verliebten „Walter Neff" (Fred MacMurray) zu einem fast perfekten Mord an ihrem Ehemann verführt, gehört zu den phantastischsten, beeindruckendsten und fast ein wenig beängstigenden Frauenrollen der Filmgeschichte. Grandios!

Stettin / Szczecin

Stettin (heute Szczecin) ist die Geburtsstadt meines Urgroß-vaters auf der väterlichen Linie, also des „Spenders" meines Familiennamens. Dieser Eugen Casutt heiratete 1894 Pauline Hänel in Berlin und gründete dort eine Familie, in der Max, der 1895 Erstgeborene, mein Großvater war.

Als ich 2014 Stettin besuchte, wollte ich das Haus finden, an dem mein Ururgroßvater Thomas Casutt (Vater von Eugen) bis zu seinem frühen Tod im Jahr 1875 wohnte. Leider war die unmittelbare Gegend um seine ehemalige Wohnadresse (Krautmarkt 8) herum nur noch als ein-gezäunte Fläche mit wenigen Bruchsteinen erhalten.

Stettin ist heute mit rund 400.000 Einwohnern die siebt-größte Stadt Polens und liegt an der Mündung der Oder in das Stettiner Haff. Die Stadt ist unbedingt einen Besuch wert.

Studium

Wenn Faust in Goethes Opus magnum meint, dass er trotz seiner diversen Studien „so klug, als wie zuvor" sei, lag es gegebenenfalls an der falschen Fächerkombination, die bei ihm mit Philosophie, Jura, Medizin und Theologie angegeben wird. An der Philosophie allein kann es nicht gelegen haben. Vermutlich hat die Theologie alles verdorben. Oder Medizin und Jura haben einen unbefriedigenden Eindruck hinterlassen. Vielleicht aber verrät das Wörtchen „durchaus" im „Habe nun [...] *durchaus* studiert", dass er das Studium in Gänze doch nicht wirklich ernst genommen hatte ... Wie dem auch sei, auch bei wenig erkennbarem Nutzen, den man aus einem Studium zunächst zu ziehen bereit ist, man sollte im Anschluss nicht der Magie verfallen ...

Neben meinem Informatik-Abschluss habe ich im eben genannten Sinne „durchaus" noch Mathematik (bis zum Vordiplom) und Betriebswirtschaftslehre (als Nebenfach und zusätzlich mit einem 60 ECTS-Punkte-Master in Business Marketing) studiert. Philosophie ist nach dem Studium und vermehrt in den letzten Jahren zu einem Hobby geworden, das ich heute – bei einem „Reset" – durchaus als Primärstudium wählen würde.

Dass ich nach dem Vordiplom das Mathe-Studium geschmissen habe, lag zum Teil am Wechsel des Studienorts von Berlin (Technische Universität) nach Mainz (Johannes Gutenberg-Universität). Das war ein Kulturschock erster Güte! Von einem Umfeld, das neben einer Drogenszene und der Vermarktung von schwarzkopierten Schallplatten (Vinyl) universitär von echtem Großstadtleben geprägt war, kam ich auf einen ländlichen Campus, bei dem die Mathe-Studierenden einem so „abwechlungsreichen" Hobby wie dem Schachspiel frönten.

Durch die Bologna-Reform mit der Einführung der Bachelor- und Masterstudiengänge, bei dem die Studienerfolge über das ECTS-Punktesystem[40] normiert wurden, hat sich der Trend zur Spezialisierung der Disziplinen noch weiter fortgesetzt, besonders bei den Masterstudiengängen. Gleichzeitig wurden besonders die Bachelor-Studiengänge deutlich verschult, was viele Unternehmen freuen mag, der Qualität der Ausbildung aber nicht dienlich ist. Ein *Studium generale* klassischer Prägung scheint heute an den Universitäten de facto ausgestorben zu sein. Und an einige basale philosophische „Ermöglichungs"-Disziplinen wie z.B. allgemeine Erkenntnis- und Wissenschaftstheorie, Wissenschaftsethik, Logik und wissenschaftliche Argumentation als verpflichtende Begleitfächer ist wohl gar nicht zu denken. Beides wäre aber ausgesprochen nützlich, um unsere künftigen Akademiker nicht nur zu leistungsbereiten Arbeitnehmern zu machen, sondern zumindest einen signifikanten Anteil von ihnen zu kritisch-kreativen Wissenschaftlern auszubilden, die unsere Gesellschaft dringend benötigt.

Sudoku

Das Rätsel für alle Gelegenheiten. Ob im Wartezimmer der Ärztin oder auf dem Inlandsflug, man kann es überall praktizieren, wenn man beispielsweise gerade kein gutes Buch zur Hand hat.

---

[40] ECTS = European Credit Transfer System

Grundsätzlich gibt es zwei Arten von Sudoku-Fans. Die einen wollen nur spielen, was völlig ok ist. Die anderen wollen etwas mehr, zum Beispiel Computerprogramme erstellen, die Sudoku-Rätsel erstellen oder lösen. Oder sie möchten auch die Mathematik, die Sudoku-Rätseln zugrunde liegt, verstehen. Beides vom „etwas mehr" hat mich seit einigen Jahren angezogen. Einen Sudoku-Löser in Excel-VBA[41] habe ich vor einigen Jahren schon erstellt. Ein Programm zur Erzeugung neuer (gelöster) Sudokus war eine Art Fingerübung zum Anwenden der schönen Apple-Programmiersprache Swift.

Aber die eigentliche Herausforderung besteht in der Sudoku-Mathematik. Hier geht es um Fragen der eindeutigen Lösbarkeit, des Schwierigkeitsgrades von Rätseln, der Anzahl aller möglichen (gelösten) Sudokus, der Minimalanzahl von Vorgaben in Rätseln, und vieles andere mehr. Einen guten Überblick, mit vielen Varianten auch über Sudoku hinaus, gibt das Buch „Taking Sudoku Seriously"[42] von Jason Rosenhouse und Laura Taalman (in Englisch).

Suizid

Ein schwieriges Thema, aber doch unvermeidbar. Das Bundesverfassungsgericht hat hierzu im Jahr 2020 eine bahnbrechende Entscheidung getroffen[43]. Nach diesem Urteil umfasst das allgemeine Persönlichkeitsrecht (nach

---

[41] VBA = Visual Basic for Applications.
[42] New York 2011.
[43] BVerfG, Urteil des Zweiten Senats vom 26. Februar 2020.

den Artikeln 1 und 2 des Grundgesetzes) „als Ausdruck persönlicher Autonomie ein Recht auf selbstbestimmtes Sterben". Im Klartext heißt das, dass der Mensch über eine vorzeitige Beendigung seines Lebens frei entscheiden kann. Natürlich war die Aufregung anschließend groß. Kirchen und Konservative kritisierten die Entscheidung scharf. An der Entscheidung ändert das natürlich nichts und ich kann nicht verhehlen, dass das Urteil meine uneingeschränkte Zustimmung hat. Dieser Bereich des Persönlichkeitsrechts ist ein Bereich, den der Staat zu garantieren hat, in diesen aber selbst nicht „hineinregieren" darf.

Es bleibt zu hoffen, dass die rechtliche Umsetzung des Verfassungsgerichtsentscheids durch die Politik nicht wieder Einschränkungen des Persönlichkeitsrechts in dieser Frage „durch die Hintertür" einführen wird.

Surrealismus

Auch wenn seine politischen Einlassungen und seine zeitweise Nähe zu den Franco-Faschisten nicht sehr erbaulich waren, sind mir die surrealistischen Gemälde von Salvador Dalí (1904 – 1989) sympathisch, besonders natürlich „Die brennende Giraffe" von 1936, bei der das titelgebende Tier sich vergleichsweise klein am linken Rand zeigt, während das Zentrum von der stilisierten, gesichtslosen Frau mit allerlei Schubfächern und abgestützten Auswüchsen dominiert wird.

Der Film „Ein andalusischer Hund" von Luis Buñuel entstammt der Zusammenarbeit Buñuels mit Dalí und gilt als Repräsentant des surrealistischen Films. Surrealistische Elemente sind auch in Alfred Hitschocks „Ich kämpfe um dich" (in der Traumsequenz) und in David Lynchs „Mulholland Drive" (praktisch im gesamten Plot) enthalten.

Was den Surrealismus als geistige Strömung und Haltung sympathisch macht, ist seine radikale Ablehnung überholter Traditionen in Kunst und Lebensführung.

Tauben

Gott hat zwei schwere Fehler begangen. Der erste besteht in der Erschaffung der gemeinen Stadttaube. Der zweite besteht in der Erschaffung des gemeinen Stadtmenschen, der die gemeine Stadttaube ständig füttert.

Tel Aviv

Wie das Lebensgefühl heute in Tel Aviv, nach dem 7. Oktober 2023, ist, lässt sich nur erahnen. Als wir 2012 nach dem Kurztrip in das Westjordanland wieder in Tel Aviv ankamen, war es die pulsierende Stadt am Mittelmeer. Ich erinnere mich noch an einen Abend am Strand, wir hatten gegessen, es wurde schon dunkel und wir begaben uns mit Blick auf die Skyline barfüßig am Strand in Richtung auf unser Hotel zurück. Wir mussten zwei Straßen überqueren, und da wir keine Lust hatten, die Schuhe anzuziehen, gingen wir barfuß über die Straßen zum Hotel. Und da wir

müde waren, begaben wir uns direkt ins Bett, ohne die Füße
zu waschen. Am nächsten Morgen dann die Überraschung
in Gestalt völlig teergeschwärzter Bettlaken und -decken ...

Tel Aviv („Frühlingshügel") ist die zweitgrößte Stadt
Israels und als Konglomerat mit mehr als drei Millionen
Einwohnern das wirtschaftliche Zentrum. Wenn man am
Strand in Tel Aviv entlang spaziert (oder läuft), an den
großen Hotels vorbei immer weiter Richtung Süden,
erreicht man bald die alte Hafenstadt Jaffa, die zusammen
mit Tel Aviv die Doppelstadt Tel Aviv-Jaffa bildet. Die
arabisch geprägte Altstadt Jaffas ist ein Juwel, das auch in
kulinarischer Hinsicht einiges zu bieten hat.

Der Flughafen von Tel Aviv liegt etwa 24 Kilometer außer-
halb der Stadt. Bei unserem ersten Besuch 2008 sind wir
mit der Eisenbahn in die Stadt gelangt. Für Militärangehö-
rige in Israel sind Bahn und Busse kostenlos benutzbar, und
wir staunten nicht schlecht, als wir vielen Soldat:innen in
Uniform und mit Gewehren im Zug begegneten. Der Israel-
Besucher gewöhnt sich allerdings schnell an den Anblick.
Im Jahr 2008 waren auch Restaurants in Tel Aviv und Jeru-
salem vielfach durch militärische Präsenz am Eingang
gesichert. Wie es dort heute aussieht, kann man sich denken
...
   Abflug nach unserem zweiten Besuch in Israel, bei der
wir nach einer Rundreise über Eilat, Jerusalem, See
Genezareth und Haifa wieder zurück in Tel Aviv ankamen.
Am Flughafen wird unser Koffer als „auffällig" aussortiert.
Die Prüfung durch das Sicherheitspersonal ergibt als Ursa-

*che: ein kleines Gläschen mit etwas Mittelmeersand, das
ich am Strand vor Haifa befüllt hatte. Wir durften es mit
nach Hause nehmen ...*

Theater

*Als Jugendlicher hatte ich mich, nach intensiver Lektüre
von Werken des „Absurden Theaters" (Ionesco, Hildes-
heimer, Beckett) einmal selbst an einem absurden Drama
versucht, allerdings ohne durchschlagenden Erfolg. Vielleicht noch eine Idee für die Zukunft ...*

*Spontan fallen mir drei Theateraufführungen ein, die im
gnadenlos älter werdenden Erinnerungsvermögen dennoch
aufblitzen. Die beiden Bühnen, an denen die Stücke aufge-
führt wurden, haben auf je eigene Weise ebenfalls
Geschichte geschrieben. Das „Theater am Turm (kurz
TAT)" in Frankfurt produzierte Schlagzeilen u. a. mit der
Uraufführung von Handkes „Publikumsbeschimpfung" in
der Regie von Claus Peymann und dem Boykott der Aufführung von Fassbinders vielfach als antisemitisch deklarier-
ten Stücks „Der Müll, die Stadt und der Tod". Die Stücke,
die ich aus eigenem Erleben erinnere, waren weit harm-
loser. Es handelte sich um die Klassiker „Biedermeier und
die Brandstifter" (Max Frisch) und Samuel Becketts „End-
spiel".*

*Im renommierten „Deutschen Theater" in Berlin habe
ich viele Aufführungen gesehen, einige mit dem großartigen, heute noch im Ensemble spielenden Ulrich Matthes. In*

Erinnerung geblieben ist mir besonders das Stück „Öl"
(Autor Lukas Bärfuss) mit der wunderbaren Nina Hoss in
der Hauptrolle, die der Aufführung mit ihrem leidenschaft-
lichen Spiel eine besondere Note verlieh.

... Ja, und es gab noch den „Streitraum" an der Schau-
bühne mit der Publizistin Corolin Emcke als Moderatorin.
In Erinnerung geblieben ist mir die Diskussion mit dem
israelischen Schriftsteller David Grossmann.

Theologie – unakademisch akademisch

Echt jetzt, in der Theologie gibt es einen Numerus clausus
(NC)? Ja, einen *Numerus clausus Theologiae*. Anders als
die Zulassungsbeschränkung in Medizin, Psychologie oder
Jura setzt der theologische NC nicht voraus, dass die
Abiturnote einen bestimmten Durchschnitt nicht unter-
schreiten darf, sondern die Voraussetzung für die Aufnahme eines Studiums an einer katholischen oder evangelischen Fakultät an einer deutschen Hochschule besteht
darin, dass die Bewerber:innen *gläubig* sein müssen. Dies
steht zwar nirgend explizit, wird aber stillschweigend
erwartet.

Was bedeutet das? Es bedeutet, dass Theologie prinzipiell methodisch – oder systemisch – zirkulär unterwegs ist.
Theologie befasst sich mit dem Glauben *im Zustand des*
Glaubens. Kann man im Zustand des Glaubens zu Erkenntnissen kommen? Aber sicher. Es hat nur einen kleinen, aber

entscheidenden Haken. Diese Erkenntnisse, die ein Theologe im Zustand des Glaubens gewinnt, sind nicht an Nichtglaubende vermittelbar. Das ist der „tiefe Graben", der zwischen Glauben und Vernunft besteht, und der nicht übersprungen werden kann. Und nicht vermittelbare Erkenntnisse sind definitiv keine wissenschaftlichen Erkenntnisse, da diese genau das voraussetzen: ihre interdisziplinäre Vermittelbarkeit.

Man könnte noch eine Reihe anderer Merkmale der Theologie aufzeigen, die an der Wissenschaftlichkeit des Faches berechtigte Zweifel aufkommen lassen. In meinem Buch „Wie wissenschaftlich ist die Theologie?"[44] habe ich einige dieser Aspekte aufgezeigt. Letztlich teilt sich die Theologie ihre zweifelhafte Wissenschaftlichkeit mit einer Reihe anderer Disziplinen; zum Thema Betriebswirtschaftslehre vgl. den Text zum gleichnamigen Stichwort in diesem Buch.

Der Ägyptologe Jan Assmann erkennt in seinem Buch „Thomas Mann und Ägypten"[45], in dem er die Tetralogie Manns „Joseph und seine Brüder" als Sachbuch liest, Analogien zwischen Theologie und Literatur. Wenn er in der Literatur Fiktion am Werk sieht, stimme ich ihm in dieser Analogie völlig zu: auch die Theologie lebt (nur) von ihren Fiktionen ...

---

[44] Norderstedt 2024.
[45] 2. durchgesehene Auflage, München 2018, S. 62.

Tischtennis

„Ping pong" verhält sich zu Tischtennis etwa so wie „Jogging" zu „Laufen". Wenn man Aktivitäten von Menschen begutachtet, die man nicht als ernsthafte Beschäftigungen ansieht, dann greift man zu solchen verniedlichenden Benennungen. Manche Tennisspieler zum Beispiel machen sich lustig über das „Tennis", das man auf einem Tisch spielt, und anderes mehr. Aber Tischtennis ist Freizeitbeschäftigung und ernsthafter Sport, sowohl im Amateur- wie im Profibereich.

Meine eigene Tischtennis-Performanz erstreckte sich zeitlich zwischen meinem 12. und 17. Lebensjahr und nun erneut wieder seit acht Jahren. Die lange Pause ist wohl dafür verantwortlich, dass mein Leistungsniveau nicht über untere Kreisklasse hinausgeht – so jedenfalls meine Rechtfertigung –, aber Freude macht das Spielen auch heute noch.

Tod

Tod ist immer noch *das* große Tabuthema. Erklärbar und merkwürdig zugleich. Denn praktisch alles im Leben eines Menschen ist von Umständen abhängig, die der Mensch selbst nicht oder nicht voll umfänglich beeinflussen kann. Vieles ergibt sich aus Zufall, vieles ist ungewiss. Der Tod aber ist gewiss und wird kommen. Auch wenn einige Transhumanisten sich dem Tod durch vorheriges Einfrieren vorerst zu entziehen versuchen, er (oder sie?) wird sie schon noch erwischen ...

Und ja, die Vorstellung einmal nicht mehr zu sein, kann einen erschüttern. Vielleicht passiert dies erstmals in der Pubertät, wenn der Gedanke an das eigene Ende ganz plötzlich da ist und man wenigstens in der auf den Gedanken folgenden Nacht keinen Schlaf mehr findet (*so ging es mir ...*)

Was mir heute etwas Trost gibt, wenn ich an meinen eigenen Tod denke, ist die Vorstellung, dass ich vor einhundert Jahren auch nicht da war. Niemand hat damals einen Gedanken daran verschwendet, dass ich einmal sein werde. Und weitergedacht wird es auch in einhundert Jahren niemand mehr geben, der einen Gedanken an meine Existenz verschwenden wird, da er von dieser ja auch keine Kenntnis haben kann. Also, im Grunde muss man das alles doch sehr entspannt betrachten. (Siehe hierzu auch den Text zum Stichwort „Sinn (des Lebens)".)

U

Ukrainekrieg

Ich habe lange gezögert, zu diesem Thema auch noch meine Meinung zum Besten zu geben. Und vielleicht sind die Kriegshandlungen im Jahr nach dem Erscheinen dieser Zeilen bereits zumindest in einen Waffenstillstand übergegangen.

Die Diskussion um diesen Krieg ist seit geraumer Zeit genau so festgefahren wie die Auseinandersetzung auf dem Schlachtfeld. Die Diskursfronten stehen sich unversöhnlich gegenüber. Und auch ich sehe mich hier genötigt, zunächst vorausschickend eine Art „Disclaimer" abzugeben, um bei der Leserin und dem Leser nicht den falschen Eindruck zu erwecken, ich wäre ein „Putin-Versteher" – Himmel bewahre!

Ja, der Krieg ist ein völkerrechtswidriger Angriffskrieg Russlands gegen den souveränen Staat Ukraine. Die russische Kriegsführung ist teilweise verbrecherisch, da sie sich gezielt gegen Zivilbevölkerung und zivile Einrichtungen sowie die Infrastruktur des Landes richtet. Die Geschehnisse in Butscha und Irpin sind brutale Kriegsverbrechen russischer Soldaten. Die Ukraine hat jedes Recht, sich zu verteidigen und den Aggressor auch auf seinem eigenen Gebiet anzugreifen.

Soweit die Vorrede zur Einordnung. Und jetzt kommen die Einwände. Fragt man nach den Zielen der Verteidigung der Ukraine, kommen von vielen Seiten immer die gleichen Forderungen: Russland muss sich komplett aus der Ukraine zurückziehen und alle seit 2014 besetzten Gebiete (einschließlich des Donbass und der Krim) an die Ukraine zurückgeben. Ist das ein realistisches Ziel? Ich meine nein. Russland wird nie und nimmer den Donbass (die besetzten Teile der Oblaste Donezk und Lukansk), die Krim und vermutlich auch die besetzten Teile der Oblaste Cherson und Saporischja zurückgeben. Das ist deshalb praktisch ausgeschlossen, weil das die gesamte bisherige russische Kriegsführung ad absurdum führen und vermutlich eine Revolte gegen die Kremlführung auslösen würde. Abgesehen davon, erscheinen die Reserven der russischen Armee, sowohl personell als auch materiell, einschließlich der Unterstützung aus Iran und Nordkorea, deutlich größer zu sein als die der Ukraine. Es wäre viel gewonnen, wenn sich diese Erkenntnis bei allen Ukraine-Unterstützern durchsetzen würde. Sie müssen dies nicht laut verkünden, aber sie sollten es auch den ukrainischen Freunden in internen Gesprächen deutlich zum Ausdruck bringen.

Als Außenstehende wissen wir nicht, welche Geheimdiplomatie zur Beendigung des Krieges derzeit betrieben wird. Vielleicht gibt es Initiativen, vielleicht nicht. Warum aber werden nicht auch öffentlich ersichtlich weitere Initiativen ergriffen um die Waffen zum Schweigen zu bringen?

Natürlich ist China hier der Schlüssel. Eine Abordnung von Staatschefs aus der EU (Macron, Scholz, Meloni, Sánchez) trifft sich mit Xi Jinping, Modi, Lula da Silva wo auch immer und berät eine Woche über einen Waffenstillstand. Oder so lange, bis „weißer Rauch" aufsteigt. Einen Versuch wäre es wert.

Ein dritter Einwand führt oft zu Verwirrung, ist aber durchaus wesentlich. Dass die Ukraine die erste Angriffswelle Russlands (mit immerhin rund 300.000 Soldaten) im Frühjahr 2022 erfolgreich abgewehrt hatte, lag ganz offenkundig an ihrer militärischen Kraft. Woher kam diese? Sicher nicht nur aus eigenen Ressourcen, sondern ganz wesentlich durch amerikanische und in geringerem Umfang durch britische Aufrüstung. Nun kann man aber den Spieß umdrehen und fragen: Könnte es eine (vielleicht nur ganz geringe) Wahrscheinlichkeit gegeben haben, dass ohne diese Aufrüstung durch den „Erzfeind" USA Russland den Krieg überhaupt nicht erwogen hätte?

Noch einmal: Keiner dieser Einwände rechtfertigt den russischen Angriffskrieg. Aber weder wurde die Aufrüstung der Ukraine durch die USA medial besonders hervorgehoben, noch gehen die Initiativen zur Beendigung des Krieges bisher erkennbar weit genug. Und zumindest ein erster Waffenstillstand wird sicher immer auf Grundlage des jeweiligen Frontverlaufs erfolgen. Alles weitere müssen dann die sicher lang währenden Friedensgespräche ergeben.

Universum

Wir lernen seit vielen Jahren ständig Neues vom Universum. Jetzt wissen wir, dass sich das Universum ausdehnt, und vermuten, dass sich die Ausdehnung noch beschleunigt. Aber was bedeutet das? Wie kann man sich vorstellen, dass das Universum als das Synonym für alles, was es gibt, sich ausdehnt? Und wohin dehnt es sich aus? Was ist das für ein „Raum", der vorher „da war", wo sich nunmehr der „ausgedehnte Teil" des Universums befindet? Reicht unsere Sprache überhaupt noch hin, unsere intellektuelle Überforderung auch noch in angemessenen Fragen auszudrücken?

Unorthodox

Die Serie „Unorthodox" ist eine Mini-Serie (Netflix) unter der Regie von Maria Schrader, basierend auf dem gleichnamigen Buch von Deborah Feldman. „Unorthodox" erzählt die Geschichte einer jungen Frau, die die ultraorthodoxe jüdische Religionsgemeinschaft der Satmarer Chassiden in New York City verlässt und ein neues Leben in Berlin anfängt. Obwohl die Serie teilweise scharf kritisiert wurde (u. a. durch Michael Wolffsohn, Alan Posener) halte ich sie dennoch für unbedingt sehenswert. Sie gewährt einen Einblick in eine ultraorthodoxe jüdische Welt, die – vollkommen klar – nur eine Minderheit im Judentum darstellt, so wie es auch in anderen Religionen ultraorthodoxe

Minderheiten gibt. Sie darf selbstverständlich nicht als „Judentum" verstanden und dadurch generalisiert werden. Allein ein Satz aus der Serie ist mir haften geblieben: als die Hauptdarstellerin „Esther ‚Esty' Shapiro" in Berlin angekommen ist, äußert der Rabbiner am Essenstisch der zurückgebliebenen Familie in New York die ernüchternde Erkenntnis, dass überall da und dann, wo und wann sich die Juden zu assimilieren versucht haben, es ihren Untergang bedeutet hatte. Ein Satz, den vor allem die nichtjüdischen Mehrheitsgesellschaften in aller Welt, selbstredend auch in Deutschland, einmal selbstkritisch reflektieren sollten.

USA

Einmal, und das auch noch vor langer Zeit (1985) war ich zu einem Kurzbesuch in den USA. Anlass war eine IT-Konferenz für Anwendungsentwickler in Florida, die ich für mein Unternehmen besuchte. Anschließend verbrachte ich noch einige Tage beruflich in New York (Poughkeepsie) und Toronto (Kanada).

Mir ist noch immer die Musik der damaligen Zeit in Erinnerung, die man ununterbrochen im Radio hörte. Glenn Frey mit „The Heat is On" gehörte dazu, Van Halen mit „Jump", Phil Collins mit „Against All Odds", Ray Parker Jr. mit „Ghostbusters" ...

Wenn ich an die USA denke, sind meine Gedanken ambivalent. Auf eine Art sind die USA großartig. Es ist ein Land, in dem viele Menschen die Freiheit ausstrahlen, die ihnen Verfassung und Staat, der sich aus vielem heraushält, zugestehen. Viele Menschen, die nicht in den USA geboren sind, haben dort einem weit verbreiteten Klischee folgend, aber durchaus real „ihr Glück gemacht". Für viele hat sich die *pursuit of happiness* erfüllt. Dabei darf man nicht übersehen, dass das Land auch heute noch ein massives Rassismusproblem hat, die *people of color* erfahren vielfach Diskriminierung und Polizeigewalt (→ der Fall George Floyd). Der Stadt-Land-Gegensatz ist noch ausgeprägter als in Europa. Die Klimawende hat besonders den Süden und Westen des Landes mehrfach hart getroffen. Politisch ist das Land gespalten zwischen den eher städtisch-orientierten Demokraten an Ost- und Westküste und den eher ländlich-orientierten Republikanern in den mittleren Landesteilen.

Nicht vergessen darf man auch die mit dem Völkerrecht unvereinbaren Kriege in Vietnam (1964 – 1975) und Irak (2003) sowie die Beteiligung an Putschen und Regimewechseln in Südamerika und Afrika. Die USA verfolgen eine überaus stark interessenorientierte Wirtschafts-, Außen- und Sicherheitspolitik, die gesamthaft auf ihrer militärischen Stärke beruht.

Und dann denke ich auch wieder an Woodstock und Flower Power, Scott McKenzie („San Francisco"), das Musical „Hair", an Leonard Bernstein, an Woody Allen (wenn das Denken an ihn auch heute noch *woke* ist), an Tina Turner, an David Lynch („Mullholland Drive"), und viele andere.

USA: *I love you and I hate you at the same time.*

Vaterland

Lieb Vaterland, musst ruhig sein
Auch Mutterland blickt traurig drein
Begreifen tu ich euch beide nicht
War oft unfreundlich euer Gesicht
Nur ohn' Wacht lieb ist mir der Rhein

Verantwortung

Verantwortung ist der Spiegelbegriff zur Freiheit. Wer frei sein möchte – wer möchte nicht? – muss Verantwortung übernehmen. Für sich und andere, für das Zusammenleben, für die Natur. Ich kann nur so frei in meinem Handeln sein, wie ich Verantwortung für dieses Handeln übernehmen kann. Und ich muss für die absehbaren Folgen meines Handelns Verantwortung übernehmen.

Ein Beispiel: der Autofahrer, der bei wenig Verkehr und fehlender Geschwindigkeitsbegrenzung 200 Stundenkilometer schnell fährt. Kann er Verantwortung für sein Handeln übernehmen? Vielleicht sagt er sich: die Bedingungen sind günstig, es sind recht wenige Fahrzeuge unterwegs und es gibt keine Geschwindigkeitsbegrenzung: also kann ich schnell fahren. Vielleicht sagt er sich noch: wenn hier keine Geschwindigkeitsbegrenzung gilt, schätzt die Verkehrsüberwachung diesen Autobahnabschnitt als unkritisch ein, sodass mein Schnellfahren voll gerechtfertigt ist; die absehbaren Folgen meines Handelns sind einzig, dass ich mehr Benzin verbrauche, als wenn ich langsamer fahre.

Der Autofahrer irrt in zweierlei Hinsicht. Erstens kann er, selbst wenn er erfahren, äußerst geübt oder sogar Rennfahrer ist, die Situation bei einer so hohen Geschwindigkeit niemals voll beherrschen. Angenommen, ein Wagen vor ihm schert mit niedrigerer Geschwindigkeit zum Überholen auf seine Spur aus, ohne ihn bewusst bemerkt zu haben, wird er den Auffahrunfall unter ungünstigen Bedingungen nicht mehr aufhalten können. Die Frage der „Mitschuld" des vor ihm Fahrenden ist hier zweitrangig.

Aber der Schnellfahrer irrt noch in anderer Hinsicht. Er meint, keine negativen Folgen seines Handelns für andere zu erkennen. Er meint vielleicht sogar, dass die fehlende Geschwindigkeitsbegrenzung und der wenige Verkehr geradezu eine Einladung darstellen, schnell zu fahren. Damit versucht er, einen Teil seiner Verantwortung an andere – hier die Verkehrsüberwachung – abzugeben. Dies kann ihn aber nicht entlasten. Er ist voll für sein Handeln verantwortlich.

Void

Mit dem Begriff „Void" (Lücke, Leere, Leerstelle) verbinde ich dreierlei. Zunächst ist er aus der Programmierung bekannt. Dort bezeichnet er den Umstand, dass eine Funktion keinen Rückgabewert besitzt, also *nichts* (= Leere) zurückgibt. Im Jüdischen Museum in Berlin gibt es einen symbolischen Leerraum („Memory Void"), der die Abwesenheit, das Fehlen der während der Shoa ermordeten Menschen symbolisiert. In der Installation *Schalechet* (gefallenes Laub) bedecken 10.000 Gesichter mit aufgerissenen Mündern, die aus runden Eisenplatten geschnitten wurden, den Boden im Erdgeschoss.

Vor kurzem habe ich in der Martenstein-Kolumne im *Zeitmagazin* den Begriff „Call of the void" gelesen. Er bezeichnet einen plötzlich auftretenden unwillkürlichen Drang irgendetwas Gefährliches zu tun, auf der Autobahn gegen die Leitplanke zu fahren, von einem hohen Haus zu springen, und Ähnliches. Sehr beängstigend. Ich hoffe, dieser „call" überkommt mich nicht, das „void" danach wäre endgültig.

Volk

Das Wort gehört nicht zu meinem aktiven Sprachschatz, zu sehr erinnert es an den Spruch „Für Führer, Volk und Vaterland" aus der Zeit von Nazideutschland. Aber auch ist immer nicht ganz klar, was jemand meint, wenn er vom

„Volk" spricht, zum Beispiel vom deutschen oder französischen Volk. Geht es um die Bevölkerung des jeweiligen Landes, also um alle Menschen, die sich zu einem bestimmten Zeitpunkt in diesem Land aufhalten? Geht es um die Staatsbürgerinnen und Staatsbürger? Oder geht es gar um eine vermeintlich homogene Gemeinschaft von autochthonen „Ureinwohnern" im Land? Letztere wird man heute in der Welt kaum finden. Wir sollten den Begriff Volk ganz streichen, er stört nur die gesittete Auseinandersetzung.

In der Sendung „Maischberger" sagte die Moderatorin jüngst zur „Berglegende" Reinhold Messner: „Sie sind doch Italiener, nicht wahr?". Worauf Messner spontan antwortete: „Nein, ich habe die italienische Staatsbürgerschaft, aber ich bin Südtiroler und Europäer!" Wunderbar, dass es Menschen gibt, die zu solch klarer Differenzierung fähig sind.

Volkswagen

Die ersten beiden Autos meines Vaters waren VW Käfer – bien sûr. Als Baby wurde ich bei Urlaubsfahrten wohl in die Ablage hinter der Rückbank gelegt, mit schönem Blick in die Sonne ..., offenkundig habe ich es überlebt.

Dann, 53 Jahre später, mein eigener Sündenfall. Durch Auszahlung einer Lebensversicherung und nach diversen VW Golf habe ich einen VW Touareg erstanden. Abgeholt, wie es sich gehört, direkt in Wolfsburg, mit nachfolgendem Aufenthalt im VW Hotel und Frühstück am nächsten Morgen. Dort begegnete meiner Frau und mir im Aufzug der Ferdinand, der Piëch, mit seiner Frau. Wenn ich damals geahnt hätte, dass ich einem Betrug aufgesessen bin – der Touareg war ebenfalls Produkt des Dieselskandals bei VW –, hätte ich Piëch darauf angesprochen.

Apropos Piëch: Mir geht seine frühere Aussage über den ehemaligen Vorstandsvorsitzenden, der sich heute wegen des Dieselskandals vor Gericht verantworten muss, nicht aus dem Sinn, weil er so griffig war; er sagte: „Ich bin auf Distanz zu Winterkorn!"

Ich glaube, ich bin auf Distanz zu VW (und der gesamten deutschen Automobilindustrie).

Heute (2024) ist Volkswagen in der Krise. Eine Rendite von 2,3 Prozent reicht Eigentümern des Unternehmens offenkundig nicht aus, es sollen 6,5 Prozent sein, um „wettbewerbsfähig" zu werden. Schöne „alte" kapitalistische Welt. Vielleicht muss VW erst wieder lernen, Fahrzeuge zu bauen, die sich auch Menschen mit schmaleren Geldbeuteln leisten können. Und VW sollte sich beeilen, in wenigen Jahrzehnten von heute werden weltweit vermutlich nicht mehr viele Autos für den Individualverkehr gebaut und verkauft werden ...

Wachstum

„Der Kapitalismus kann genauso wenig dazu ‚gebracht'
werden, das Wachstum zu begrenzen, wie ein Mensch dazu
‚gebracht' werden kann, mit dem Atmen aufzuhören."
(Murray Bookchin[46])

Wenn das Wirtschaftswachstum in Deutschland oder
Europa wieder einmal schwächelt, bekommen unsere
Volkswirte Schnappatmung. Ich hingegen atme auf. Denn
mit einer sogenannten Wachstumsschwäche verbunden ist
ja der Umstand, dass weniger vom Falschen abgesetzt
wurde. Und es wird viel Falsches produziert: Panzer,
Waffen aller Art, Stahl, Zement, Smartphones, Smartwat-
ches, Autos, Unfälle im Straßenverkehr – ja auch diese stei-
gern das Bruttoinlandsprodukt – und vieles andere mehr.
Dass es auf einem Planeten mit endlichen Ressourcen kein
unendliches Wachstum gibt, hat sich leider bei unseren

---

[46] Hier zitiert nach: Jason Hickel, Weniger ist mehr. Warum der
Kapitalismus den Planeten zerstört und wir ohne Wachstum
glücklicher sind, München 2023.

Volkswirten noch nicht in der Breite herumgesprochen, offenbar aber auch nicht bei den Redakteuren des Wirtschaftsteils unserer Tageszeitungen und anderer Medien. Überall das Gejammere über Deutschland als „kranker Mann Europas" (warum eigentlich Mann?) Würde unsere Wirtschaft nur die Dinge produzieren, die sich für eine Kreislaufwirtschaft eignen (die diesen Namen verdient!), hätten wir im Ergebnis vielleicht nur die Hälfte unserer heutigen Wirtschaftsleistung, aber alle wären zufriedener.

Ja, ich kenne das Argument: Wachstum sichert Wohlstand. Leider ist das nur ein Scheinargument, denn Wachstum sichert Wohlstand nur denjenigen, die ohnehin im Wohlstand leben. Für die anderen fallen nur ein paar Brosamen ab. Man nennt das *trickle down*-Effekt, mit ganz wenig, das dann ganz unten *angetrickled* kommt.

Wagenknecht, Sahra – ein Bündnis

In der *Zeit* wird die Namensgeberin des *Bündnis Sahra Wagenknecht* anhand ihres „herrschaftlichen Profils" und eines „verwandten Machtwillens" mit Nofretete, der „großen königlichen Gemahlin" (Wikipedia) des ägyptischen Pharaos Echnaton verglichen. Sehr viel der Ehre für die Frau, die die nach ihr benannte Partei zu Anfang des Jahres (2024) gegründet und bereits bei den Landtagswahlen in Thüringen und Sachsen auf Anhieb zweistellige Ergebnisse erzielt hat.

Aber für welche Inhalte und Politik Wagenknecht und ihr Bündnis wirklich stehen, ist unklar. Klar ist nur, dass

241

alle „handverlesenen" Parteimitglieder stramm nach Wagenknechts Ansage agieren werden. Zumindest in zwei Politikfeldern zeichnet sich skizzenhaft ab, wohin die Reise ungefähr gehen wird. Bei den Fragen des Militärischen und des Ukrainekriegs scheint es eine Nähe zur Ex-Partei *Die Linke* zu geben. Für die Migrationspolitik steht man deutlich nahe bei der AfD und grenzt sich hier klar von der Linken ab. Und in der nach oben offenen Populismus-Skala steht das Bündnis derzeit ungefähr zwischen CDU und AfD.

Wagner, Richard

Geständnis 1: Ich kenne die Musik von Richard Wagner nur sehr bruchstückhaft.

Geständnis 2: Ich werde die Musik von Richard Wagner auch weiterhin – eher rechts als links – liegenlassen.

Richard Wagner (1813 – 1883) wird von vielen als *der* herausragende Musikschöpfer der zweiten Hälfte des 19. Jahrhunderts angesehen. In diese Glorifizierung kann ich aufgrund des obigen Geständnisses 1 nicht einstimmen. Es mag so sein, es mag auch nicht so sein. Dass seine Musik auch heute noch manchmal für Zwecke eingesetzt wird, die er vielleicht nicht gutgeheißen hätte, ist möglich. Ich erinnere mich an den Film „Apcalypse Now" (Regie: Francis Ford Coppola), in dem die Hubschrauber-Kavallerie unter den Klängen von Wagners „Walkürenritt" ein vietnamesisches Dorf angegriffen und die gesamte Bevölkerung getötet hatte.

Aber Wagner ist für mich als Mensch ein Problem. Seinen ausgeprägten Antisemitismus hat er unter anderem in der Hetzschrift „Das Judentum und die Musik" deutlich gemacht. Er kritisierte die Musik seiner jüdischen Zeitgenossen Giacomo Meyerbeer und Felix Mendelssohn-Bartholdy, denen er vorwarf, in ihren Werken niemals die Tiefe zu erreichen, die man von (vermutlich deutscher!) Musik erwarte. Seine Sympathie für die Rassentheorie eines Arthur de Gobineau und der Einfluss seines antisemitischen Schwiegersohns Houston Stewart Chamberlain wirkten erkennbar auf sein Denken und Schreiben. Für den aufkommenden rassischen Antisemitismus des ausgehenden 19. Jahrhunderts war auch Wagner letztlich ein Wegbereiter. In einem Brief an König Ludwig II. schrieb Wagner 1881, er halte „die jüdische Rasse für den geborenen Feind der Menschheit und alles Edlen in ihr". Es sei gewiss, dass die Deutschen „an ihnen zugrunde gehen" würden. (Quelle: Wikipedia)

Wehrmacht

Die „Wehrmacht" ist in diesen Zeilen bereits vereinzelt vorgekommen. Mir ist es wichtig, noch einmal kurz zu resümieren.

Lange Jahre nach Ende des Zweiten Weltkriegs war der Ruf der Wehrmacht fast makellos. Ja, selbst die Attentäter vom 20. Juli 1944 galten vielen als Verräter oder gar Ver-

243

brecher. Erst die Wehrmachtsausstellungen des Hamburger Instituts für Sozialforschung (1984 gegründet von Jan Philipp Reemtsma) 1995 – 1999 und 2001 – 2004 führten eine Wende herbei. Sie zeigten deutlich den Grad der Verstrickung der Wehrmacht und ihrer Angehörigen in zahlreichen Verbrechen gegen die Menschheit.

Ausgangspunkt waren die Feldzüge im Osten, die von Beginn an, d. h. bereits mit dem Überfall auf Polen, explizit als *Vernichtungskriege* geführt wurden. Der ganze „Osten" war als Siedlungsgebiet für die Ansiedlung der „arischen Rasse" vorgesehen. Rücksicht auf Zivilisten und zivile Einrichtungen wurde nicht genommen. Im Gegenteil, es gab nicht nur verbrannte Erde, es brannten Menschen. Auch an Massenerschießungen der SS-Einsatzgruppen nahmen Angehörige der Wehrmacht teil. Zu ihren Opfern zählten Juden, Sinti und Roma, politische Kommissare und viele andere.

Die Wehrmacht als Ganze wurde an den nationalsozialistischen Verbrechen mitschuldig.

W.E.I.R.D. – Warum wir so sonderbare Menschen sind

Das englische Wort *weird* bedeutet etwa „eigenartig, seltsam, schräg". Man kennt es u. a. aus den zahlreichen englischsprachigen Netflix-Serien. Für den Soziologen und Kulturanthropologen Joseph Henrich hat es zusätzlich als

Akronym die Bedeutung w=western, e=educated, i=industrialized, r=rich, d=democratic und beschreibt: ... uns!

Henrich fragt in seinem Buch „Die seltsamsten Menschen der Welt"[47], warum wir „modernen" europäisch geprägten Menschen – im Unterschied zu traditionellen Kulturen, darunter unserer eigenen Kultur bis etwa zum Mittelalter – individualistisch, egoistisch, kontrollverliebt, analytisch und nonkonformistisch eingestellt sind. Er gibt eine überraschende Antwort: Schuld an unserem Individualismus und der anderen Merkmale unserer Kultur ist die katholische Kirche!

Die Kirche hat seit ihren frühen Synoden und Konzilen in einer Reihe von Entscheidungen ein „Ehe- und Familienprogramm" (EFP) beschlossen und gesellschaftlich umsetzen können, mit dem Heiraten von Verwandten untereinander mehr und mehr ausgeschlossen und geächtet wurden. Damit waren die Menschen im heiratsfähigen Alter zunehmend gezwungen, ihre Partner:innen außerhalb ihrer engen und weiteren Familiennetzwerke zu suchen, was natürlich mit zum Teil weitreichenden Ortswechseln verbunden war.

Warum hat die katholische Kirche diese Beschlüsse gefasst? Nicht weil ihr Inzest oder Vetternheiraten per se nicht zusagten. Nein, es waren einzig materielle Gründe, die das EFP auf den Weg brachten. Denn über die Familiennetzwerke waren Zuwendungen an die Kirche in ihrem Umfang stark begrenzt. Verschied ein „Familienoberhaupt", waren es die Söhne, die hier die Erbschaft unter sich aufteilen konnten. Für die Kirche fielen nur Brosamen

---

[47] Berlin 2022.

ab. Waren die Familienbande aber verteilt über größere Entfernungen, lebten also viele Kleinfamilien relativ isoliert voneinander, fielen Erbschaften zugunsten der Kirche vielfach deutlich größer aus. Der Erblasser wollte sich so eine bessere Startposition für das jenseitige „Leben" sichern.

Der Clou an der Sache ist natürlich der, dass die Kirche nicht damit gerechnet hatte, dass die kulturellen Prägungen, die das EFP im Lauf der Jahrhunderte zeitigen würde, letztlich ihr selbst auf die Füße fallen würde. Denn heute beklagt vor allem die katholische Kirche den zunehmenden Individualismus und Egoismus der Menschen und die damit einhergehende wachsende Abwendung von der Institution selber.

Welt

„Die Welt gibt es gar nicht", behauptet der Philosoph Markus Gabriel in seinem Buch „Warum es die Welt nicht gibt"[48]. Und er hat Recht. Ganz einfach deshalb, weil, wenn es sie gäbe, müsste sie selbst „in der Welt" enthalten sein. Das klingt etwas spitzfindig, ist aber im Buch sehr schön begründet. Stattdessen macht Gabriel das Angebot der „Sinnfelder". In seiner „Sinnfeldontologie" wird der Existenzbegriff definiert als: es *existiert* etwas, wenn es *in einem Sinnfeld erscheint*. Ohne hier tiefer auf die eigentlich sehr einleuchtende Existenzdefinition einzugehen, sei noch hinzugefügt, dass man das Sinnfeld reziprok zur Existenz als „etwas, in dem Gegenstände existieren" definieren kann.

---

[48] Berlin 2013.

Man könnte statt Sinnfeld sicher auch den Begriff „Kontext" verwenden.

Gottfried Wilhelm Leibniz (1646 – 1716) befand die Welt (hier jetzt wieder im „klassischen" Sinne) als die beste aller möglichen Welten. Ich muss dagegen Einspruch einlegen. Mit wäre es z.B. lieber, wenn die Erdbeschleunigung nicht so groß wäre, wie sie auf der Erde ist. Also, statt 9,81 Meter pro Sekunde-Quadrat vielleicht nur 8 oder 7. Dann würde man sich doch elfenhaft leicht auf der Erde bewegen. Das sähe auch viel eleganter aus ...

Wissenschaft

Ein weites Feld, zu weit für ein paar spontane Gedanken. Aber ein Feld, in dem es immer um „vorsichtigen" Erkenntnisgewinn geht. Sicher, Wissenschaft bemüht sich um klare Definitionen, deutliche Benennung der Voraussetzungen, methodisches Vorgehen, Überprüfbarkeit der Ergebnisse, usw. usf. Aber entscheidend ist für mich, dass Wissenschaft immer selbstkritisch bleibt. Dass sie ihre Erkenntnisse, auch die, auf denen sie wie selbstverständlich aufbaut, immer wieder dem kritisch prüfenden Blick unterzieht. Dass sie immer skeptisch bleibt, dass sie immer selbstkritisch ist. Das meint „vorsichtiger Erkenntnisgewinn".

Ich denke gegenbeispielhaft immer an den Fall der amerikanischen Forscher, die Mäusen Zuckerersatzstoffe in so hoher Dosis injizierten, dass einige Mäuse Tumoren entwickelten. Die Ergebnisse wurden publiziert und Zuckerersatzstoffe kamen in Verruf. Da war Wissenschaft sicher vorschnell und „unvorsichtig".

Wokeness

Ein schwieriges Terrain, dem man sich nur einigermaßen *woke* nähern kann. Wenn der Begriff eine Haltung ausdrücken soll, die sich gegen rassistische, sexistische oder soziale Diskriminierung wendet, dann ist er akzeptabel, also *woke*. Und ja, reaktionäre und konservative Kräfte lehnen Wokeness ab, was in jedem progressiv Denkenden natürlich seinerseits Widerspruch auslösen muss.

Aber Wokeness ist dennoch nicht links. Denn Wokeness zerfasert letztlich genau wie die (angeblich linken) Identitätspolitiken ein Problem, das man nur gemeinsam angehen kann: Die Diskriminierung von Menschen durch Menschen auf Basis von Machtverhältnissen. Die Machtverhältnisse sind der gemeinsame Feind. Sie müssen attackiert werden, ohne sich in vielen Gruppen und Grüppchen aufzuspalten. Das wäre dann richtig *woke*.

Wolken

Als Stadtmensch – Wald gibt es leider auch im näheren Umfeld praktisch nicht – liebe ich die Wolken. Und die Wolken kann man auch von der Stadt aus sehen, wenn sie sich vor blauer Kulisse zeigen. Wolken sind phantastische

Gebilde. Sie sind praktisch nicht vorhanden, und sind nur deshalb sichtbar, „weil Licht aufgrund der Mie-Streuung gestreut wird, wodurch der Tyndall-Effekt auftritt und die eigentlich farblosen Tröpfchen sichtbar werden. (Wikipedia)" die Wolken verstehen Effekt und Streuung genauso wenig wie ich, und scheren sich ebenso wenig darum. Sie ziehen ihre Bahnen, sind immer in Bewegung, vermischen sich, schieben sich übereinander und ineinander. Kaum hat man sie fixiert, verändern sie sich wieder deutlich. Manchmal kann man imaginäre Figuren oder Symbole in ihnen erkennen, nur kurz, dann ist alles wieder wie Tafelkreide mit nassem Schwamm fortgewischt. Ändern sich die Wetterverhältnisse, sind die Wolken verschwunden. Bald schon aber tauchen wieder neue, wieder ganz andere Wolken auf, ein Kreislauf, an dem ich mich nicht sattsehen kann ...

Irgendwie symbolisieren Wolken das Leben. In jedem Moment anders, und sehr, sehr endlich. Dann aber auch wieder von Neuem am Start, als neues Leben, das alte vergessen ...

Z

Die Zehn Gebote

Bilden die Zehn Gebote einen moralischen Kompass für unser heutiges Leben? Sicher nicht. Nach heutigen Maßstäben wären allein das fünfte („Du sollst nicht töten") und das achte („Du sollst nicht falsch Zeugnis reden wider deinen Nächsten"), ggf. noch das neunte („Du sollst nicht begehren [...]") akzeptabel. Selbst das siebte Gebot („Du sollst nicht stehlen") ist nur dann annehmbar, wenn man in ihm nicht fälschlicherweise ein Recht erkennt, mit seinem Privateigentum tun und lassen zu können, was man möchte. Demgegenüber ist unser Grundgesetz mit seinem Artikel 14 („Eigentum verpflichtet. Sein Gebrauch soll zugleich dem Wohle der Allgemeinheit dienen") deutlich weiter-entwickelt und klar, auch wenn dieser Artikel leider viel zu selten in Anspruch genommen wird. Auch andere wichtige Menschenrechte, wie z.B. die Rechte auf Meinungsfreiheit oder Freiheit der Weltanschauung, sind in der Bibel nicht vertreten. Ganz im Gegenteil, es wird dort oft das genaue Gegenteil verkündet.

Besonders seltsam ist das zehnte Gebot: „Du sollst nicht begehren deines Nächsten Frau, Knecht, Magd, Vieh noch alles, was dein Nächster hat." Hier werden Frau, Knecht und Magd in eine Reihe mit Besitztümern des Mannes (!) gestellt. Ja, sagen die Exegeten, das müsste man in den Kontext der Zeit setzen, in dem es verfasst wurde und für unsere heutige Zeit „übersetzen".

Ich übersetze es nicht, sondern räume es einfach weg ...

Zielgerade

Wie lang ist die Zielgerade in einem Stadion mit einer normgerechten 400 m-Bahn? Zugegeben, die Antwort gehört in die Kategorie des unnützen Wissens, dennoch kommt sie hier: 84,39 m. Ich hätte auf deutlich mehr getippt, aber egal. Wichtig ist, dass man sich als Läufer irgendwann genau dort, nämlich auf der Zielgerade befindet. Und hier im Buch sind wir nun schon deutlich weiter, nämlich im Ziel bzw. am ...

ENDE

Christian Casutt:

„Dies ist mein bisher persönlichstes Buch. Es kommen viele Themen vor, die mich in den letzten Jahren beschäftigt haben. Nur *Sex*, *Crime* und *Intimate matters* überlasse ich dann doch lieber meinem vielleicht bald erscheinenden ersten Roman."